こう見えて元タカラジェンヌです

天真みちる

左右社

こう見えて元タカラジェンヌです

天真みちる

ごあいさつ

皆様、本日はようこそお越し下さいました。

元宝塚歌劇団花組の天真みちるです。

まずは、自己紹介をさせて下さい。

見たくなくてもあなたの瞳にダイビング。元宝塚歌劇団花組の視線ドロボウ、現在は歌って踊れる物書きをしております。愛称は「たそ」です。よろしければたそって呼んで下さい。


今年（２０２１年）で、宝塚歌劇団を卒業して2年半が経ちました。「光陰矢の如し」と言いますがまさにその通りです。むしろ矢より早い。

在団中、公演が終われば次の公演のお稽古が。お稽古が終われば本番が。本番が終わればまた次のお稽古が……と、ずーっと「次」に追われていた私にとって、卒業後はさぞやスローライフになるであろうと思っていたのですが、歌って踊って〆切に追われて……自らスローライフを拒否するかのように目まぐるしい日々を過ごしております。

卒業してから様々なことがありましたが、せっかくなので、「宝塚を目指し、なんとか入学し、自らの意思で卒業するまでの約15年間」を、二幕、33場で振り返ろうと思います。

偉大な人物の伝記は、大抵が人生の幕を下ろしてから、その人の近しい人物か研究者などによって書かれることが多いものです。また、生きているうちにそのような本を出すのは「偉業を成し遂げた人」じゃないと、とうてい無理なこと。

私の場合、この先偉業を成し遂げる気配もないし、誰も書いてくれそうにもないし……ならば、「自分で」人生を今から振り返っていこう、と。

人生真っただ中に、「たそのたそによるたその為の」偉業でもなんでもない半生自伝をつらつらと書き綴ろうと思った次第でございます。

タカラヅカに興味がない方も、これを機に少し興味をもってもらえたら、この上ない喜びです。

それでは、只今より、天真みちる作・演出

ドラマチックコメディ『こう見えて元タカラジェンヌです』二幕を開演致します。

最後までごゆっくりご観劇下さい。

もくじ

第二幕

フィナーレ

第一幕

第1場　偉大なるタカラヅカを凡庸な私が目指したキッカケ

そもそも、宝塚歌劇団とは

大正3年（1914年）に初公演後、今日まで100年以上も不動の人気を誇る、女性のみで構成された特別な歌劇団。

タカラヅカの男役とは、世の女子達の「究極の理想の男」。

愛する人を全身全霊で愛し抜き、はたまた禁断の恋に落ち1人の女性を巡って美しく競い、祖国の為に命を懸けて戦い、この世のものとは思えない美しい妖精になったり、歴史上の人物や漫画のキャラクターを200％の再現率で本物超えてきたり……。

とにかく、様々な時代や国の男の物語を「究極の完成形」で表現する、実際の人生では決して、けっっっっっっっっっっして出会えない、容姿端麗且つ、キザ且つ、歌ウマ且つ、ダンス最高且つ、マジで容姿端麗で最高of最高な理想の男、スターなのである。

しかも、1人じゃない。

1公演につき男役は35名くらい出演していて、さらに花・月・雪・星・宙《そら》の5組と、「舞台を極めた」専科さんで構成されているので、「生涯追い続けたい男役」の候補は選びたい放題、しかも未来のイケメン候補生は毎年入団してくる。

ありがたい。本当にありがたい。

そして、本当に考えた人天才だなと思うのが、「スターシステム」である。

理想の男の中で、各組たった1人、「男の中の男」＝「トップスター」が存在する。

「トップスター」は就任したら、その組の「顔」となり、いかなる作品においてもすべて「主役」を演じる。立ち位置は常にセンター。トップスターを中心に物語は進み、すべての作品はトップスターに始まり、トップスターに終わる。

宝塚歌劇団に在籍する生徒（音楽学校生・在団生の呼称）達は皆、「トップスター」を目指し、日々精進している。

そんな華やかな世界で「私は」というと、主役の吸血鬼に血を吸われめちゃめちゃ狂う不動産仲介人を演じたり、裏で麻薬を密売している医者を演じたり、女装する医者を演じたり（医者多いな）、モヒカンの用心棒、角刈りの車引き、邪馬台国のみずら結いの人、常に半目（薄目）状態の右大臣等々……トップスターやスターを目指す方々からはだいぶかけ離れた「情報量の多いおじさん」を演じることを極めていた。

まさか、タカラヅカの作品にそんな人が出てくるなんて信じられない！と思う方もいらっしゃるだろう。しかし、入団2年目ですでにおじさん街道まっしぐらだった私は、いかに「老けるか」を考えながら毎日を過ごし、卒業するまでにありとあらゆるタイプの「髭」をつけ、よりリアルな「シワ・シミ」の再現など、様々な「逆アンチエイジング」方法を見出したのだ……が、記念すべき第1場からこの件を掘り下げるのもなんかアレなんで、いつか深く掘り下げると致しましょう。

ここまで読んだ方はもしかしたら、「天真みちるは、おじさん街道を突っ走る為にタカラヅカに入団したのか？」とお思いになったかもしれないが、受験当時はノールックの全く予想していない未来だった。

タカラヅカを目指したキッカケ

当時私にタカラヅカの存在を教えてくれたのは、祖母だった。

小さい頃、ぼさーっとテレビを見ていた私に向かって、祖母は割と唐突に「あんたはタカラヅカに入りな」と告げた。当時3人姉妹の中で私だけ指名でそう告げられたので、「おばあちゃんに期待されてるんだ」と思い込んだ私は、それに応えるべく、受験するその日まで周りの人達に「将来はタカラヅカに入りますから」と高らかに宣言していた。

ただ、私はここで大きな勘違いをしていたのだ。
宝塚歌劇団は、「おばあちゃんの許可があれば入れるところ」だと……。

2003年3月宝塚音楽学校受験～完全敗北～

宝塚歌劇団に入るには、まず2年制の養成所である「宝塚音楽学校」を卒業しなければいけない。中学3年生、宝塚音楽学校の受験資格を得た私は、合格する気満々に受験会場の門を叩いた。

が、そこにいたのは、北海道から沖縄まで、全国津々浦々のうら若き乙女達。そしてその全員が合格を勝ち取るぞ！と、ギラッギラに燃えていた。

受験スクールに通い、対策がバッチリな子達、蛍光塗料を丸呑みしたんじゃないか？と思うくらいキラキラオーラを放っている子、天使の歌声を持つ子……。

受験番号順に並んでいる間にも、（うわぁ超キレイな子いるわ、1枠埋まったわ。うわぁ、あの子もキレイ。はい、2枠埋まった）と、周りを見渡しながらどんどん自分の中で合格者を輩出してしまう。抜群のプロポーションを持った人がわんさかいる会場で「並」の自分はますます自信を失っていった。

ちなみに、某バラエティ番組で芸人さんによる「宝塚受験生のモノマネ」が披露されて

いるのをご存知だろうか。独特の節をつけて

「○番!!、○○（名前）！！！、○回目！！！！！（受験回数）趣味は星を眺めること☆」

と言うのがなかなかいろんな意味で印象的だが、実際の現場も当たらずとも遠からずというか、結構皆さんモノマネのような自己紹介をしている。当時の私はその光景にあまりにも衝撃を受けて、逆に「謎の引っ込み思案」が発動し、蚊の鳴く声ほどのなんともしょぼい名乗りを上げてしまった。

そこで心が折れてしまった私は、なんの爪痕も残すことなく会場を後にした。

こういう時、よく漫画で「地味に普通に自己紹介して、歌も踊りも特にハイレベルではないけど、なんか一番偉い人が、〝こいつは光るものを持っている〟とかなんとか言って周りの反対を押し切って合格させるスター」が出てくるが、私にはそんなことはマジでなかった。会場に入った時までは、自分を「天《あま》海《み》祐《ゆう》希《き》」様に程近い存在だと、ほっといても周りが気にかけてくれるスターだと信じていたが、会場を後にする時は「天海祐希」様から1億光年くらい遠い存在だという痛いほどの現実を突きつけられた。

結果はもちろん、1次で敗退。惨敗of惨敗だった。

家族に、友達に、今まで根拠のない自信を振りまいて高らかに宣言して回った人達に合わせる顔がない！　あゝ、恥ずかしい。

ショックと恥ずかしさが同時に押し寄せ、立っていられなくなった私は一日中寝込んだ。

しかし、ぶっ通しで25時間くらい寝続け、目を覚ました時には、それまでの負の感情が消え去っていた。

……実際には、牛乳に溶かすタイプのミロの、飲み切った時にコップの底で溶かし切れてなくて残っているやつぐらいの悲しみはあったのだが（むしろそこが一番おいしい。いやなんの話だ）、自分でも信じられない速さで元気を取り戻したのであった。

なぜならば、宝塚音楽学校は中学卒業時〜高校卒業時の4回受験資格がある。

つまり、あと3回受験できるからだ！！！

今回は偵察……ていうか全然本気じゃなかった！

来年が本チャンだ！　来年にすべてを賭ける！！！

リベンジを心に決め、たそは再び歩き出したのであった。

第2場　リベンジを誓ったたそが、まずしたことは……

再び立ち上がったたそは巫女に

悲しみのミロを心に残し、再び立ち上がった私は、まずは来年も受験したいという旨を家族に伝えた。

もともとタカラヅカにあまり興味のなかった我が家の両親は、すべて自分で手配するのを条件にもう一度だけなら受験してもいい（というか好きにしていい）と言ってくれた。両親の太平洋のような広い心に感謝し、私は軍資金を稼ぐべくバイトを探した。

もともと、ド飽き性でドドドドドドドド気まぐれ野郎の私。きっと毎日通うバイトは続かないと思い、とにもかくにも短期間で且つ高給なものが望ましいと、血眼で探す……が、なかなか好条件のバイトが見つからない。

やはり二宮金次郎の如く勤勉にならねばならぬのか……と、あきらめかけていたある日、姉が突然「巫女さん」のバイトを薦めてきた。巫女さんは土・日・祝日に丸1日務めれば良い。日給もとてもありがたい額だ。見つけた、短期間且つ高額、さらには「ご利益」のある最強バイトを!!　姉に紹介された次の日に速攻で履歴書を持っていき、速攻で採用してもらった。

巫女さんのバイトで軍資金を手にした私は、バレエ、声楽と習い事も始め、スキル的にもスピリチュアル的にも強くなったと確信した。

よっしゃー!　待ってろよタカラヅカ!　パワーアップしてリベンジじゃー!

「天海祐希様事変」で0を下回るほどに失った自信を1年かけて取り戻し、受験当日を今か今かと待ちわび、バイトと習い事を一生懸命頑張った。

そして受験を数日後に控えたある日のこと。

バイト終了後、せっかくなので勤め先の神社で「おみくじ」を引いた。箱の中をぐーるぐる回してピンときたものをひとつ取り、だいぶ通ったし、さぞかし良い結果が待っているはずだと期待に胸弾ませながらペリリと開けた。

……凶……

まさかの、生まれて初めての凶をこのタイミングで引くという。もうね、これが私のすべて。そう。これが私。セ・ラヴィ。

不思議と口角は下がらず、アルカイックスマイルをキープしたまま、おみくじを木に結び付け神社を後にしたのだった。

2004年3月宝塚音楽学校受験2回目～第1次試験～

いよいよ来た受験当日、信じていた神にすら見捨てられた私は、「あとはもう己を信じるのみ！」と背水の陣で再び受験会場の門を叩いた。

控室では去年と同じくレベルの高い「うら若き乙女～ver.2004～」達がギラギラと闘志を燃やしている。

去年はそこで自信を喪失したが、今回は違う。去年の反省を生かし、研究に研究を重ね編み出した、私だけの秘密兵器「顔面ですべてを語る」（なんのスキルを上げたんだ）を備え、誰に話しかけることもせず1人集中していた。

そして、自分の番が回って来た。

まずは去年しょっぼしょぼに名乗ってしまった自己紹介から秘密兵器最大メモリ発動で、

「〇番、テンマミチル、（……は前回、悔しくも1次試験で敗退してしまいましたが、この1年で様々なことにチャレンジし、実力をつけてまいりました。この度の受験ではその実力を遺憾なく発揮し、合格した暁にはさぞや劇団にとってなくてはならない存在として活躍してみせましょう。お任せ下さい！　どうかよろしくお願い致します。ちなみに今回は）2回目!!☆」

と、（）内の気持ちを全面に込めて叫んだ。ずば抜けたレベルもセンスもないので、技術ではなく「顔」で勝負。「ダンサー」ではなく「顔《がん》サー（まるでセンスの塊のダンサーの表情で普通に踊る人）」として、とにかくありったけの笑顔でやり切った。

去年とは違う謎の手ごたえを感じながら1次試験会場を後にした。

そして、1次試験合格発表日。普通に3学期の授業を受けながら、発表時間を待っていた。正直、その日の授業内容はまっっっったく覚えていない。

というのも、去年は中学卒業後に受験したので、不合格後「どんな顔して会えばよいのやら」と思っていた人達にはそんなに会うことがなかった。だが、高校1年生3学期途中の2回目の受験は、1次試験に落ちるとクラス中に知れ渡ることとなる。凹んだ気持ちのまま、友達に少し気を使われつつ3学期を過ごすことを思うとめちゃくちゃ気重だった。

合格発表は当時、「①電話で聞く、②現地で貼り出されるのを見に行く、③ケーブルテレビで見る」という3択。それに加え、合格者のみ電報が届くことになっている。

去年は電話で聞いて「〇番はこちらのリストにはないですね」と、淡々と敗北を告げられたのが割とメンタルに響いて軽くトラウマになっていた。今年も電話で聞こうと思ってはいたのだが、どうしても……どうしても電話をかけることが怖い。


番号を打っては途中で消し、気合いを入れなおして再度番号を打ってまた消して、を延々と繰り返しまくっていた（しかも授業と授業の合間に。今思うと悪い生徒だった）。

そうこうしていると、いつの間にか全授業が終わってしまった。


やはり、一度植えつけられたトラウマは、なかなか克服することはできない……。結局、学校にいる間に合否を聞けなかった私は、トボトボと帰路についた。

家につき、ただいまと声をかけると、「おかえりー」と家族が迎えてくれた。


……が、家にいる誰も「どうだった？　受験」的なことを聞いてこない。

めちゃめちゃ気を使われてるなーと思いつつ、再び電話をかける為メンタルを整えていたところに、母が神妙な面持ちで近づいてきた。そして、

「みっちゃん……こんなものが届いたのよ……」

と1通の電報を差し出した。差出人は……宝塚音楽学校。

（！！！！！　は？？？！！！　DENPOUじゃん！　受かってんじゃん、

私！！　つうかなぜ連絡くれなかったんだ!!　母よ！！！！）

うれしすぎるのと興奮とパニックで言葉にならず、「と……とりあえず見せて、貸して」と母から電報をもらおうとした。すると母はなぜか
「……ママはね、見ない方がいいと思うのよ。やめておきな」

と言い、電報を渡してくれない。

どうやら母は、不合格通知が届いたと思ったらしい。それで私が悲しまないように渡すのをためらったのだ。

（うぉおおおい！　去年落ちた時何も届かなかったろうが！　しかも受験者全員に不合格通知出してたら結構大変だぞ！）

呼吸の仕方すらわからなくなるくらいパニくっていた私は口から「ほっひゅっほっひゅっ」とわけのわからない謎ＳＥ（効果音）を出しながら、

「大丈夫だから……いいから……みせなさいよ！！！」

と、嫌がる母から強引に電報を奪い取った。

そして不安と期待が入り混じる中ゆっくりとそれを開いた。

それは、初めて手にすることができた本物の１次通過の通知書だった。

第3場　いよいよ聖地宝塚へ！「凶」のおみくじが招いた負の連鎖

2004年3月宝塚音楽学校受験2回目～第2次試験前夜～

生まれて初めて2次試験の切符を手に入れた私は、とにもかくにもまずは会場である宝塚付近のホテルを予約することにした。

しかし、3月の宝塚受験シーズンは、受験スクールなどが1年も前からホテルの団体予約をしているのである。出遅れた私はパソコンで宝塚市の宿泊施設をくまなく探したが、市内の上位に出てくるホテルはすべて埋まってしまっている。焦った私は検索地域を関西に広げ、「きっとここら辺も近いだろ、しかもめっちゃ安い」と、大阪は梅田駅東梅田周辺のビジネスホテルを誰にも相談せず予約した。

当時我が家は弟が生まれたばかりだったこともあり、同行者は親ではなく親戚のおばさんが京都観光もかねて引き受けてくれた。試験前日、おばさんと2人ホテルに荷物を預けたあと、シミュレーションを兼ねて阪急電車で宝塚へ。初めて見る音楽学校と宝塚大劇場……ほ、本当に存在するんだぁとホワホワしつつ宝塚市を散策した。

夕食を済ませ、日も暮れた頃東梅田へ戻ると、そこは……ほんまもんの繁華街だった。ホテルの前後左右対角線すべて周りはネオン輝く不夜城（ヒプマイ）だ。軽くショックを受けながらチェックインすると、部屋がシングルベッドと同じ幅しかない。……荷物、どこ置いたらいいん？

隣の部屋のおばさんはどう思っているだろう。せっかくついてきてもらったのに私が安さでホテルを選んだばっかりにこんなことに……。猛反省していると、おばさんとは別隣の部屋からものすごい大きな「壁ドン」を食らった。もちろん、ときめく方の「壁ドン」ではない。

これ以上お隣さんの声が聞こえてこないよう、私は壁に貼り付けられたテレビをつけた。すると放送されていたのは、映画版クレヨンしんちゃん『嵐を呼ぶ栄光のヤキニクロード』。下がりまくったテンションを上げるにはこれを見るしかない。

私は藁にもすがる気持ちで画面を見つめた。そして気がつけば、野原一家が奮発して購入した最高級焼肉を食べる為奔走する姿に、涙をこらえながら必死で見入っていた。

そんなこんなで、本来なら「緊張して眠れない」的な青春受験物語要素があっても良かった2次試験前夜は、謎テンションのまま、「焼肉食べたいな」という気持ちだけを残し、過ぎて行ったのだった……。

2004年3月宝塚音楽学校受験2回目～第2次試験当日～

その日の朝は万年寝坊遅刻野郎の私も嘘みたいに早起きすることができた。きっと、「少しも早く（ベルばら）この場から離れたい」という気持ちがそうさせたのだと思う。

幸い、この日以降は宝塚市内のホテルをとることに成功している。昨日までの自分とはおさらば。気持ちを切り替え、駅へと向おうとしたその時……目の前を黒猫が横切った。

（あゝダメだこりゃ。落ちるわ。オワタ）

ホテルチョイスミスからの縁起の悪さ。極めつけに前厄。巫女さんのバイトをしても厄は落とせなかった。そんな自分をなぐさめる言葉もなく、おばさんと2人、終始無言で宝塚のホテルまでの道を歩いた。

到着し、おばさんは荷物を置くやいなや「じゃあ、嵐山行ってくるね」と駅へ向かっていった。おばさん、ありがとう。京都で気分転換してきてね。

2次試験では、生まれて初めて「宝塚音楽学校」に足を踏み入れた。

（まだ受かってないのに音楽学校に入れて、なんかもう記念になったし悔いもないかもな）

すでに自暴自棄になりかけていた私は、そんなことを思いながら、入口にある小林《こばやし》一三《いちぞう》先生像（阪急東宝グループ創業者にして宝塚歌劇団の生みの親）に黙礼し、控室へと向かった。

2次試験は東西の会場が1つになるので、より容姿端麗激戦区となる。控室では、1次試験を突破した「キラキラ全国代表選手」達がひとりひとりレフ版を持っているんですかね？ってくらいの光を放ちながら待機していた。受験スクール出身の人達はみんな試験対策がバッチリなので、適宜間食をとったり、情報交換したり、待ち時間を有効活用している。更には、前の年に合格している先輩達が控室に来てくれて、仲睦まじそうに談笑している。キラキラの2乗3乗。本当に眩しい。

そんな中、野良受験の私はすみっコにぽつんとひとり佇み、眩しい人達をガン見していた。こう見えて本格的なコミュ障なので誰とも話せず、昨日からの「凶」コンボに頭を奪われていたせいでお昼ご飯も忘れてしまい、カバンの中に入っていた春日井の黒あめをバリボリバリボリむさぼって時間をつぶした。

2次試験では歌・ダンスに加え、1次試験にはなかった「面接」がある。歌やダンスでは10人くらいが一斉に部屋に入り、お互いに課題をこなす姿を見ることができたのだが、面接だけは1人ずつ部屋に入って入れ替わるシステムなので、中で何が起きているのか全く分からない。廊下で待機していると、部屋から出てくるやいなやほぼ全員が泣き出してしまう。一体どんな辛辣なコメントを叩きつけられるのだろう……。

だいぶ縮みあがったところで自分の番が来た。恐る恐る中に入り、指定された位置に立つ。目の前にはピリリとした印象の試験官の先生方がずらっと並んでいて、その背後の壁に面接課題が書かれた紙が貼ってあった……のだと思うのだが。

ここで信じられない事実が判明した。


目が悪すぎて、なんて書いてあるか読めないのだ……。


……そういえば高校でも見えなさ過ぎていつも前方席に座っていたし、遠いところは目を細めてやっとこさ把握していたことを、「今から面接ですよー」という世界一最悪なタイミングで思い出した。しかし、背に腹は替えられない。私はゴルゴ13もびっくりのスナイパーフェイスで課題を読んだ。

そこには「30秒間自己ＰＲ」と書いてあった。が、読解している間に20秒くらい経ってしまった気がする。

刻一刻と時間は過ぎていく……残された時間は10秒………自分のいいところ……いいところ……焦りに焦りまくった私の口から突発的に出てきた言葉は、

「○番、テンマミチル、2回目、神奈川県厚木市出身、私がっっ、私のいいところは笑顔で、笑顔だと思っています（ニコっ）！」

だった。そして「あとは自分イチオシの笑顔をとくとご覧あれ！」と、試験官の先生に向かってずっと笑っていた。

しばらくすると、ひとりの先生が「……もう終わりですか？」と聞いてきた。その時点ですでにＨＰがギリ1になっていた私は「ハイ……もう何も思いつきません」と、かろうじて答える。先生は失笑しながら「はい。じゃあもう出て行ってもらって大丈夫です」と言った。私は絞り出すような声で返事をし、部屋を後にした。

オワタ……もう本当にオワタ。

これで、先に部屋から出てきた子達が泣いている理由がわかった。きっと自己アピールがうまくできなかったのだろう。でも私は……。自己アピールどころか、試験官の先生越しに課題をにらみ倒した挙句、にっこり笑うという、一体なんのアピールなのかわからない、頓珍漢プレゼンをしただけだった。

がっくりと肩を落とし、控え室へ戻る私に向かって、1人の受験生が話しかけてきた。

「あの！　アナタって、厚木市出身なの？」

私の声、外まで聞こえてたのかーと思いながら、「あ、そうです」と答えると、彼女は

続けて、

「そうなんだ！　厚木市にね、私のご先祖のお墓があるの！」

と、一点の曇りもない晴れやかな笑顔で嬉しそうに言った。

これが、私の宝塚受験においての受験生との唯一の会話になった。

（お墓……そうかい、良かったね。でも……今言わんくても良くない？）

私の受験にかける気持ちも墓に眠った。

すべての課題を終えた私は、玄関で再び小林一三先生像に一礼して音楽学校を後にした。

正直なんの手ごたえも感じず、散々な結果にイラついた私は、宝塚南口駅のいかりスーパーで食パンを一斤買いしてホテルへと戻り、何もつけず無言でむしって食べた。

そうしているうちに京都観光から帰ってきたおばさんが、お土産に分厚い紙袋に入ってる焼き栗をくれた。八重歯で栗を割り、無心で食べながら、私は『千と千尋の神隠し』のおにぎりを頬張る千尋のように泣いた。

２００４年３月宝塚音楽学校受験２回目～第２次試験合格発表～

合格発表当日、まだ時間があるし、せっかくだからとおばさんに誘われるがまま、２人で宝塚大劇場にほど近い「手塚治虫記念館」に行った。世界一尊敬している手塚先生の作品や資料がなんにも頭に入ってこず、トキワ荘に住んでいる天才達の面々をあんなに凪の気持ちでスルーしたのは後にも先にもあの日だけだったと思う（しかし、『三つ目がとおる』の写楽君のクリアファイルだけはちゃっかり買った）。

そしてとうとう発表の瞬間。

あいにくの大雨で傘必須状態だったので、掲示板を見るのが多少困難な中、「発表します」のかけ声と共に合格者の番号が貼り出された。

「あった――！！！！」という誰かの叫び声を聞きながら、ぎゃいぎゃいと抱き合う人達の間をぬって最前列に行き、ゴルゴアイで自分の番号を探す。

するとそこに……自分の番号が、あった。

それを見た瞬間、嬉しさと驚きと感動が基準値を超えて押し寄せてくるという、あまりにも初めての感情に脳は思考停止。待機しているおばさんの元へ行き、チベットスナギツネのような顔で「どうやら受かってるわ」と、合格の旨を伝えた。

するとおばさんは、今まで見たこともないくらいの剣幕で、

「貸しな!! あんたは昔っからそそっかしいところがあるから信じられん」

と、私の手から受験票をむしり取って掲示板の方へ走っていった。

(いや、確かにホテルの件とかは反省してるけど、あんまりじゃね？ てか昔からそう思ってたの……)

合格の喜びよりも、おばさんの自分に対する思いに気をとられてぼーっとする私のもとに、帰ってきたおばさんが言った。

「どうやら受かってるよ」

(だからそう言ったじゃん！！！)

……こうして私は宝塚音楽学校に合格した。

最近、タカラジェンヌを目指す子達から合格する為の秘訣やアドバイスを求められることがある。だが、これを読んだらきっと誰も聞いてこなくなるだろう。

なんせ私自身が一番、合格したことをいまだ謎に思っているのだから。

第４場　タカラジェンヌの卵、決意の断髪式

合格発表後～入学準備

自身の人生に起こるすべての奇跡を使い、宝塚音楽学校に合格した私は、入学への準備を始めた。関東民の私は家から関西の宝塚音楽学校へ通えるわけではないので、とにもかくにもまずは入寮の準備からだ。

長年住み慣れた我が家。両親と兄弟４人からなる大所帯で暮らしていた私にとって、実家を離れる心細さは半端なかったが、幸い寮は２人部屋だった為、一体どんな子と暮らすんだろう……と、少し楽しみでもあった。

「入学のしおり」的なものに書かれた入寮に必要なものを事前に送り、いざ出陣！という頃、見知らぬ同期から連絡網の電話がかかってきた。

聞けば、「入学のしおり」には記載されていない持ち物を事前に用意して下さいね、という。私はそれを次の同期へ伝えるべく電話をかけた……のだが、なかなかつながらな

い。今は出かけているのかな?と思い、1時間後に再度電話をかける。

……が、やはりつながらない。

番号間違えちゃったかなあ?と思いながら、受話器を置こうとしたその時、かすかに「もしもし?」というダンディな男性の声が! すかさず「音楽学校生の連絡網です! ○○さんはいらっしゃいますか?」と聞いたところ、「ああ、どこにいるんだろうね」とそっけない返答が……。

天「(え、知らんが……)そうなんですね、どうしましょうk……」
ダ「僕はね、いつもアトリエにいるから、わからないんだよね」
天(そっか。へえ、アトリエに……アトリエ?!?!)

タカラジェンヌのご家庭は様々な職業の方がいるとは聞いていたが、まさか最初に「日本画家」の娘のおうちを引き当てるとは……。早々に謎の「洗礼」を受けたのであった。

……ちなみにその娘さんは宝塚を卒業後、自身も「画家」として活動している「大澄《おおすみ》れい(現・大崎《おおざき》緑《みどり》)」。アーティスト一家。すごすぎる。

決意の断髪式

入寮日に向けおおかたの準備が整った私だが、最後に必ずやらなければいけないことがあった。

それは、「髪をショートにする」こと。

身長168センチの私は「男役」を希望していたので、その場合は入学までにショートヘアーにしなければいけないのだった。

実は、私はその時まで、生まれてこのかた一度もショートヘアーにしたことがなかった。というか、当時の母が「女たるものロングヘアーでなければならぬ」的な考えの持ち主だったので、髪の毛は常に腰くらいまであった。

更に母は「女たるもの前髪は作ってはならぬ」的な考えの持ち主だったので、ワンレンだった。当時の母の写真を見ると、「ワンレンボディコン舘ひろし」＝ほぼ平野ノラ、なのである。私も母の好みでワンレンにしていたのだが……私はノラというよりは「モナリザ」に近かった。というか、「モナリザ」だった。

しかも、不器用な私は長い髪の毛のアレンジが「ポニーテール」しかできなかった。それも「ポニーテールとシュシュ（ＡＫＢ48）」のようなかわいいものではなく、「テニプリ（テニスの王子様）の越前南次郎」のような、武士のような印象を与えるものだった。

当時流行っていた映画の影響もあり、学校でのあだ名は「ラストサムライ」になった。

そんなラストサムライが髪を切る。

（これは、アシタカヒコが蝦夷の村の人間ではなくなったくらいの衝撃だな）

と、伝わるのか伝わらないのかわからないことを思いながら美容院へと向かった。

そして、切った髪で「アダムスファミリーの髪の毛で顔が見えなくて高い声の人」が作れるくらい大胆にカットし、人生で初めてショートヘアーになった。だが、前髪は作らずモナリザ状態のまま短くしてもらった。これが、後々の悲劇を生むとは知らずに……。

入寮日の悲劇①

待ちに待った入寮日、すべての準備が整い、満を持して宝塚へと向かった。さすがに入寮手続きやらいろいろとあるので、今回は母がついて来てくれた。

憧れの宝塚に再度上陸し、（いよいよここでの生活が始まるんだ……）とドキソワしながら、寮の部屋へと急ぐ。割り振られた部屋に到着すると、そこにはルームメイトとなる同期がすでに入寮準備を始めていた。

人見知りを極めた「究極の人見知りリスト」の私は自分から話しかけるなんて滅相もございません状態だったのだが、相手はとっても優しく気さくに話しかけてきてくれた。ルームメイトは関西出身で、1歳年上、娘役志望。何も共通点がなかったのだが、唯一「2回目合格」ということだけは一緒だった。そして、互いに部屋作りをしながら何気ない会話をしていた矢先のこと、

ル「それで、お布団は？」
天「え……いるの？」
ル「いるに決まってるじゃん！」

私はなぜか、「衣食住」において大切な「住」の部分の準備を綺麗さっぱりすっぽりと忘れてしまっていた。そのことを恐る恐る母に伝えると「もう〜何やってんのよみっちゃん！」と、猛烈にお怒りになられてしまった。

結局、困り果てた私にルームメイトが寮付近で布団を買えるお店を紹介してくれて事なきを得たのだが、当時なぜか「風水ブーム」の真っただ中だった為、販売されている布団が「Dr・コパ」監修の物しかなかった。

その日から私の「住」空間のみ、かなり良いオーラを発していたに違いない。

入寮日の悲劇②

なんとかおふとんトラップも乗り越え、あらかたの準備を終えた私は実家へと戻る母を見送り、1期上の先輩方が行う入寮説明会へと向かった。

当時宝塚では「分担」という制度があった。1期上の「分担さん」から指名された者は、その後1年間その「分担さん」が担当していたお掃除場所を掃除することになる。そして、次の年に合格した生徒の中から、「この子だ」と思う生徒を自分の分担として指名する。そうして永遠に引き継いでいくのだ。

「分担さん」はたくさん存在する。

寮の掃除場所の分担、音楽学校の掃除場所の分担、学級委員的な分担、その他様々な役職においての分担等々、多い人だと5人くらい分担さんがつくことになるのだが、まずは序章も序章、一番初めにお世話になる分担さんから、寮の掃除についてのレクチャーがあった。だいたいの説明を受けた後、分担さんは私にさりげなく言った。

「あなた、ちょっと髪の毛長すぎるんじゃない？」

（マジか）

そう言われて周りを見渡してみると、確かにみんな、私よりももっとサッパリしていた。

みんなが「耳すま（耳をすませば）」の天沢聖司くんなら、私は「千と千尋」のハク様くらいには長かった。それも、ワンレンの。

(どうしよう……入学式までに切らないと、辞めさせられる!?)

入寮1日目にご注意を受けたことで、メンタルがガッチガチになった私は、すぐに美容院の予約をしようと急いだ。

……が、ここから入学式までのタイムスケジュールはぎゅうぎゅうで、美容院に行く時間など、とてもじゃないが確保することはできなかった。

(あーどうしよう。髪を切らなければ辞めさせられるのに)

被害妄想が肥大化した私は、もはや辞めさせられる前提で悩みに悩み抜いた。

と、その時、カバンの中に図画工作用のハサミがあることに気がついた。

(ワンチャン、これで行けるか……?)

その後は、お察しの通りである。

散髪も初めてでど素人な私は「前髪に対しハサミを真横から入れる」という方法で、しかも鏡がなかったのでノールックという、今思えばかなりあり得ない方法で、ザッザッザッと容赦なく髪を切った。

再度分担さんに呼ばれて行くと、説明をしながら彼女が小刻みに震えだした。と思えば、声もワナワナと震えている。

（お腹でも痛いのかな？）

と、キョトンとしていると、とうとう分担さんは口を手で押さえながら、

「まさか……フッ、髪の毛、フフっ、今切ったの？」

と、呼吸困難のような状態で聞いてきた。私がそれが何か、とでも言うように「はい」と答えると、耐えられなくなった分担さんはお腹を抱えて笑いながら、

「今すぐ鏡を見て！　そして明日までになんとかして！」

と告げ、帰っていった。

再び待機場に戻った私は、鏡を借りようと同期に話しかけた。するとその同期は一瞬ギョッとした表情でコチラを見た後、今度はできるだけ私を視界に入れないようにしながら鏡を貸してくれた。

（そんなに前髪が似合わないのかなあ）

と思いながら鏡に映る自分を見た。するとそこには……東京証券取引所も真っ青の、浮き沈みが激しすぎるガッタガタな株価推移グラフのような髪型の私がいた。

（……誰……）

鏡を見ながらワナワナ震えていると、後ろから別の同期が、

「ちょっ！　おま、どうした!?」

と、待機場に居る人全員に聞こえるくらい大きな声で叫んだ。

(やめてよ……見ないでよ!!)

まさか、入寮1日目にこの世から消えてなくなりたいと思うなんて、いったい誰が想像できたというのでしょう。悲しみの淵に沈んだ私は、その場に立ち尽くした。

しかし、ここで最強の助っ人が現れた。なんと、「普段前髪程度なら自分で切っていて、散髪セットも持っている」という、今の私を救う為に生まれてきたような、奇跡の同期が!

「私に任せて!」と、彼女が私のガッタガタ株価推移ヘアーを直してくれることになった。

「私、宝塚受からなかったら美容師になりたかったんだよね〜」

そんなことを言いながら手際よく毛先を揃えてくれた彼女の名は、真瀬《まなせ》はるか。愛称はイマッチ。彼女のおかげでなんとか天沢聖司さんクラスの短めな髪型になった私は、何事もなく入学式を迎えることができたのだった。

今でも思う。あの時イマッチがいなかったら……

私は「人間」ではなく「株」として、音楽学校に入学するところだった、と。

第5場　春の陽気と眠気とタイガーバーム

隠しきれない眠気

無事に音楽学校の入学式も終わり、いよいよ授業が始まった。

音楽学校では1年目を「予科」2年目を「本科」と呼び、卒業後に宝塚歌劇団に入団するまでにエンターテインメントのすべてを身につけられるよう、声楽、ダンス、演劇、日本舞踊など、様々なカリキュラムが組まれる。

1つの授業は90分×1日5科目。月曜日から土曜日まで、朝から晩まで歌って踊って芝居するのである。

普通の学校生活では「1時間×3日にいっぺん」くらいだった体育的な授業が、「8時間×毎日」になった。この劇的な変化で、「文化部」だった私は精神直結で「運動部」にカスタマイズされることとなった。

そんな私の毎日の身体状態は……常に「プール上がり」だった。

プール上がり……。小学生の頃から、この後に受ける授業の内容は何ひとつ覚えていないと言っても過言ではないほど、常に眠気と戦っていた。

しかも一度として勝てたことはない。言わば眠気の不戦勝だった。それがまさか、毎日、毎時間、戦いのゴングが鳴り響くことになろうとは……。

しかし、せっかく憧れのタカラヅカの世界に入れたのに、毎日「寝ていました」なんてことになってはならぬ！　逃げちゃダメだ逃げちゃダメだ逃げちゃダメだ……この眠気と、私は真っ向から戦うことを心に決めたのだ。

まずは手の甲、二の腕、耳、頬……片っ端からつねり倒したが、感覚がマヒした部位が増えていくばかり。痛点が完全になくなる前に、次の方法を探さねばならない。

コーヒーや栄養ドリンクは、この先３６５日カフェインを取り続けていたらきっと効かない体質になると思うので、「今しかない！」という時の為に取っておきたい。

もちろん、授業中なので勝手に動き出すこともできない。

確固たる方法を見つけられず、もがき苦しむ日々……。

その間にも眠気は『ガンバの大冒険』の「ノロイ」のように絶望的に立ちはだかる（関係ないけど、ノロイって本当にトラウマ植え付けてくれたよな）。

そして声楽の授業中、奇しくも『誰も寝てはならぬ（オペラ・トゥーランドット）』という歌を習っている最中に、逃れようのない眠気が私を襲った。

（アカン、自分が1番寝てまう……パトラッシュ……なんだかとても眠いんだ……）

このまま負けてしまうしかないのか。何か私を救う一手はないのか。何か、何か……必死にカバンの中を漁ったところ、ある小瓶を発見した。

「タイガーバーム」である。

タイガーバーム。それは姉が水泳の合宿で本場シンガポールから買ってきてくれた、歴史ある軟膏。日々の筋肉痛を和らげようとカバンの中に入れていたソレを……

私は、なぜか、眉間に塗りたくった。

（目がぁぁー！　目がぁぁぁぁぁぁぁぁぁー！！）

この時、『天空の城ラピュタ』のムスカの痛みが１００％理解できた。

金曜ロードショーを見ながら「待ってました！」とばかりに毎回笑っててほんとごめん。こんなに苦しかったとは……。目を開けたいのに開かぬ。無限に涙が流れる。

（クゥ――――――――――！！！！）

信じられん痛みにムスカの走馬灯を見ていた私は、川平慈英さんも顔負けの叫び声をあげた。

するとその後、驚くべきことが起こった。

今まで一度も出たことのない高さの音が、軽々と歌えるようになっていたのである。

強制的に開かれた鼻筋、一切力むことなく発声されたその声に、声楽の先生もとても喜んでくれた。

そう、痛みの向こう側にたどりついた私は覚醒した。そして、それ以降全く寝なくなったのであった！

……タイガーバームがなくなるまでは。

眠れる森の美女なんて言ってる場合か

タイガーバーム法を編み出してから、どの授業も完璧に目を開けて受けるようになった私は、特講の茶道の授業でもその姿勢を誉められ、余ったお茶菓子をもらえるまでになった。

少しずつ毎日のサイクルにも慣れてきたある日のこと、授業終わりで寮に帰ると、寮生の全体ミーティングがあった。あまり広いとは言えない部屋で、ひしめき合うように座る同期達。その「ゆるゆるおしくらまんじゅう」的な状況で、私はまたも眠たくなってしまったのだ。

しかし、この状況ではさすがに顔面から「最強メンソール」の香りを放ちまくるわけにはいかない。そんなんして次の日から「スースーさん」なんてあだ名で呼ばれたら泣いちゃう。というよりも自分も副流煙（？）で泣いちゃう。

そんなことを考えながら眠気と必死で戦っていたのだが、授業の疲れも相まって、私は完全敗北してしまった……のだと思う。もうここら辺から記憶がない。

気がついた時、「見知らぬ、天井」が目に映った。あたりは真っ暗闇。人の気配も全く感じられない。

（ここは……どこ？）

突如世界に自分1人しか存在していないような孤独を感じながら、手探りでなんとかスイッチを見つけ、電気をつけた。

すると、そこはミーティングルームだった。

（もしや……寝てた？）

携帯の時計を確認すると、時刻は午前4時。ミーティングが始まったのは午後9時。

ね……寝すぎ。うたた寝の範疇を軽く飛び越えている。あまりにも寝過ごしすぎである。

（そっか。みんな自分の部屋に帰っちゃったのか）

そらそうだ。まだ知り合ったばかりの気心もしれない私なんて放っておくよな。

でも……ちょっとくらい起こしてくれたっていいのになぁ。

少しだけチクッとした心の痛みを抱え、私は自分の部屋に戻った。


しかし、次の日の朝……

いつものように学校へ行く準備をする私に、

「ねえ、あんた大丈夫やった？」

と、ルームメイトの花織《はなおり》千桜《ちさ》が恐る恐る聞いてきた。

「ああ、ごめん、昨日寝過ごしちゃって。起こしてくれれば良かったのにー」

と言い返すと、彼女は信じられない剣幕で叫んだ。

「いやいやいや、私達必死に、超必死に起こしたんだよ！　風邪ひかれても困るし、ちゃんと布団で寝た方がいいし……でも、あなたが全く起きなかったんだから！」

聞けば、同期達は寝落ちした私を心配し、ずっと起こそうとしてくれていたらしい。

最初は肩を「トントン」と叩きながら「起きてー」と呼びかける。

でも、起きない。

「トントン」は「ドンドン」へ。少しずつ濁音がつくくらい強く叩いていった。

でも、起きない。

「起きてー」「起きて——!!」「おおおきいいてえええええ！！！」

でも、起きない。

最初は心配していた同期も、あまりにもすやすやと眠り続ける私に対し、次第にイライラが募っていった。最後には肩を持ち、これでもか！というくらい勢いをつけてゆすりまくった。

そして、部屋まで運んでみようと、「市中引廻しの刑」の如く引きずり倒した。

その際同期の手から滑り落ちた私は「ゴッ!!」という音を立てて床に頭を打ち付けた。

あまりの衝撃音に、これはたんこぶものじゃないかと少し後悔した同期は、心配そうに私の顔を覗き込んだ。

でも……起きなかった。

さすがにあきれ果て、「心配して損した」とみんなそれぞれの部屋へと戻っていったというのである。

……次の日から、私のミドルネームは「石頭」になったとか、ならなかったとか。

第６場　ハンドメイドジェンヌ～ワクワクさんの教え～

あなたの掃除場所は？

宝塚音楽学校に入学して、まず初めにとてつもなく感動したことがある。それは、「どんなものでも大切に受け継いでいく」という精神。日々のレッスンだけでなく、舞台人としての心得など、たくさんの作法を大切に教わり、次の世代につなげていく。この精神こそが、タカラヅカが１００年以上続いてきた理由なのだろうと思う。

そんな中、私が授業以外で割と好きだったのがタカラヅカの伝統として有名な「掃除」だった。毎朝綺麗に掃除して、すがすがしい気持ちで授業を受けるのが音楽学校生の日課。掃除場所は当番制ではなく担当制で、ずーっと同じところを1年間掃除する。

そして、次の年に合格した下級生の中で「この子だ」と思った子を担当に任命し、任命された子が1年間掃除して……と続いていく「分担」という制度については、以前書いたとおりである。

「この子だ」という条件は、実は結構細かい。

それぞれの掃除場所に「男役のみ引き継げる」「中学卒業時に合格した子のみ引き継げる」「身長が○○センチ以上のみ引き継げる」などの細かな指定があり、複数の条件を満たしていないと引き継げないところもあるくらいだ。

なかには将来トップスターになる方を多く輩出した場所などもあり、掃除場所分担任命の段階ですでにちょこっと「未来」を予想してしまう……なんてことも。

そんなわけで、この「○○を掃除してました」という話題は劇団に入った後割とテッパンで、初対面で「お天気の話はしたし……次、何話したらいいんだろ……」と思った時は、まずこの話をしておけば間違いない。「えー！　あなた○○掃除だったの!?　じゃあスターじゃん！」と、話が弾みに弾むのである。

ちなみに、私の掃除していた場所の条件は、「変人」……。

何故、そんなことに。

ハンドメイドの真骨頂〜ワクワクさんの教え〜

引き継ぐのは掃除場所だけではない。毎朝の掃除用具も1年間大切に使い、次の分担に渡すことになっている。それらを引き継ぐ際には「伝統の○○だから」と言われて渡されることがある。伝統のお掃除タオル、伝統のチリトリ、伝統のガラスクルー……それを大切に使いつつ、掃除場所を完璧に綺麗にしなくてはいけない。

……ここに、若干の矛盾が生じる。

本当は掃除用具をガッシガッシと使って磨き上げたいが、そうすると次の学年に引き継ぐ頃には「繊維」しか残らなくなってしまう。なので、引き継ぐ際には新調して渡すものもあるのだが、もうすでに販売終了したレアタオルなどがあったりするので、その取り扱いはとても繊細だ。

私が担当していた掃除用具のひとつに、「ビスコットタオル」と呼ばれる窓ふき用のタオルがあった。このタオルはすでに替えがなく、慎重に扱わなければいけなかったのだが、大雨の次の日など、本腰を入れて窓ふきをしたい時に、「綺麗にしたい思い」と「タオルを守りたい思い」の間で、複雑な三角関係が生じてしまう。私はそれをなんとかしたかった。

どうにか同じような影武者を見つけようと、休みの日に近辺のお店をくまなく歩き探し回ったが、どこにもない。ネットで調べようにも、当時はガラケーで定額プランもなかったのでダラダラ調べることもできず、限界を迎えた私はあることを思いついた。

「ミュウが見つからないのなら、ミュウツーを生み出せば良い」と。

それからは、その窓ふきタオルを毎日くまなく観察した。オフホワイトベースに、縁はコーヒー０・５／牛乳９・５くらいのうっすーいコーヒー牛乳みたいなブラウン。そして謎の「Biscotto」という刺繍。これらを完全再現するべく、作業に取り掛かった。

ただ……困ったことに私は死ぬほど不器用で、こと裁縫に関しての才能が皆無だった。

でも昔、ワクワクさんは言っていた。

「凝ったことをしなくても、身近なもので誰でも簡単に作って楽しみましょう」と。

その言葉を胸に、私はすべての要素をタオル上に「ペンで描く」ことにした。

まずは茶色のマーカーで縁を塗り、その後何度も何度も何度も洗い、色を抜いていく。まるで藍染職人のように、納得のいく色になるまで、何度も洗った。

そして納得のいく薄さになった後、職人が作品にサインを入れるかのように「Biscotto」と一発で書き入れた。

そして私は「ひとりのかがくしゃ」として「おそろしいけんきゅう」を重ね、「ビスコットタオルツー」を生み出したのだ！

ただ……誰が見ても手作り感の半端ないタオルになり、本物との差は一目瞭然だった。

それでも私は「ミュウツー」というよりは「ミミッキュ」のようなそのタオルを大切に、日々の掃除に励んだのであった。

第７場　祝90周年！アニバーサリーイヤーの幕開け

アニバーサリーイヤーの幕開け

私が第92期生として合格した年、宝塚歌劇団は創立90周年。

普段の公演とは別に、周年記念の特別イベントもたくさん開催されていた。とってもありがたいことに、宝塚音楽学校に合格したばっかりのピッカピカの1年生である92期生も出演させてもらえることになった。

その中でも特に印象に残っているのが、「90周年記念運動会」。

宝塚歌劇団では10年に一度、大会場を借り切っての運動会が開催される。花組・月組・雪組・星組・宙組・専科さん（特定の組に属さないスーパー団員さん達のこと）と音楽学校生の総勢５００名以上がリレーや玉入れなどで競い合い、舞台上では見られない姿をファンの方々に楽しんで頂くスペシャルイベントだ。

私達最下級生も沢山の種目にエントリーさせてもらえるだけでなく、専科さんと、１期上の本科生の方とひとつのチームとして「入場行進」をすることができた。

まさか宝塚の板を踏む前に「大阪城ホール」で初舞台を踏むことになるとは。受験生の頃には思ってもみなかった大舞台への出演に、私の心は弾みに弾んだ。

「このチームで行進するということは、お稽古とかも一緒にやったりするのかな。憧れの専科さん達がゼロ距離に……うふふ」と、気持ち悪めの笑みを浮かべ、その日を楽しみにしていた。この後、とてつもなくハードなお稽古が待っているとも知らずに……。

数日後、運動会本番に向けた特別練習が始まった。

入場行進の曲は、その当時一世を風靡していた『マツケンサンバ』。

(この曲に合わせて行進するのかあ……)と、ノーテンキに聞いていた私に、先生は「振り付けとフォーメーションは○○日からお稽古します」と告げた。

……振り付け……振り付け!? 行進に振り付けがあるの! なんか誰かが先頭で旗持ってみんなでついていく感じのやつじゃないの!?

入場行進の概念を初っ端から覆された私に、先生は更に追い打ちをかける。

「1週間後に全体で合わせます」

……1週間! みじか! 間に合わぬ! 無理じゃ。

というのも、当時の私はといえば、ダンスの振り付けなどの覚えが悪く、それぞれの振りを「自分なりのワード」で名付け、それを唱えながらでないと正しく踊ることができなかったのだ。

通常の振付の場合、その曲の拍子と小節数に合わせ、振付師さんが「ワンツースリーフォー・ツーツースリーフォー」のようなカウントを取りながら教えてくれて、それを覚えていく。だが私の場合、そのカウントがどこのカウントかすぐわからなくなるので、「ワンから歩いて右回りスリーフォーその後しゃがんだと思いきやジャンプ」みたいな、誰にも、本当に誰にもわからない自分だけのカウント（もはや呪文）の取り方でなんとか覚えていた。こんな謎のメソッドなので、まずはすべての振り付けに名前をつけなければならず、その手間のせいで、1曲を覚えきるまでに1週間以上かかる。

でも、1週間後に合わせるということは、それまでにも何度かは1期上さんとの自主稽古が入るだろう。上級生の方々と合わせる時までにすべて名付けなければ。

やるぞ、やってやる。マッケンサンバのゴッドファーザーになってやるんだ……！

……ここから私の怒涛の命名大会が始まった。

「♪あーあ恋せよアミーゴ☆おっどっろっセニョリータ☆」

……ここらへんはいい。まだ、自分の場所へ猪突猛進に進み、センターの轟《とどろき》悠《ゆう》さんをヘイヘイヘイと盛り上げる部分だし、正直、前の人の真似をすればなんとか形になる。だから「ＴＰＯタイム」とでも名付けておけばいい。

問題は……サビだ。ここではとにかくマスゲーム的な統一美が求められる。前の人を見て踊ると確実に何秒か遅れが生じてしまうので、自力で覚えるのは絶対だ。

「♪オーレーオーレー」

……ここの振りは、

「右足から歩いて歩いて歩いて右キック右キックダダダダダ！　マッツッケッンはーしーるー」

よし、行ける。あとはこの繰り返しだし……大丈夫！

と思いきや、2回目の「マッケンサンバ～」の後の

「♪ダダダダッダダーダ！」

……ここが鬼門だった。この振りだけは、言葉では言い表せない謎の動きだった。なんと名付けよう。例えようがない。でも言い表さないと覚えられない。

悩み抜いた結果、つけた振りの名前は、

「超高速右左デレレレッデーデン」

だった。……今となれば、これのほうがよっぽど覚えにくいと思う。

そんなこんなでなんとか振り付けを覚えた私は、全体合わせの当日、音楽学校の講堂で、1期上の方と共に専科さん達が来られるのを待っていた。

ついこの間まで「ゼロ距離うふふ……」とノーテンキに楽しみにしていた私はどこへやら。緊張のあまり、合格発表以来の心拍音の激しさだったと思う。


そして……いらっしゃった。

今まで、雑誌の『歌劇』やテレビ番組の「宝塚への招待」で見ていた憧れのスターさんが目の前にいる……ほ、本物の轟悠さんだ。本当にこの世に存在しているんだ……！

テンションがおかしくなりすぎて、心の中では黄色い声援の「きゃー」を通り越して楳図かずお先生ばりの「ギャーッ」という声が鳴り響いている。

（いいい今すぐにもここいら一帯の空気をジップロックに詰めたい。そして丁寧に梱包し、玄関の一番いいところに奉りたいいいい）

でも、ここは音楽学校だ。私はもう、いちファンではない。音楽学校生なのだ。未来のタカラジェンヌなのだ。口から狂喜乱舞の雄叫びが飛び出そうなのを我慢し、気を抜くとすぐ「デレデレ」フェイスがこみ上げそうなのも我慢し、とにかく口を一文字に、さながら「笑ってはいけない」シリーズの松本人志さんのように、上唇と下唇が見えなくなるまで固く固く口を結んだ。

ふと同期を見ると、みんなその顔だった。入学以来、きっと初めて全員が心から同じ気持ちになった瞬間だったと思う。「考えることはみんなおんなじだよね」と思いながら、これ以上見つめると吹き出しそうだったので、お互いに宙を見上げた。

お稽古が始まり、私はこの1週間で頭に叩き込んだ名称の数々を反芻しながら踊った。なんとかこの日に間に合わせることができたと少し心に余裕が出た私は、踊りながら周りを見渡してみた。

すると……見たこともない美しさと足捌きで踊る、専科の松本《まつもと》悠里《ゆり》先生のお姿が目に飛び込んできた。所作に無駄な動きが1つもない。ステップは軽やかで、足音1つしない。

本物の「踊るセニョリータ」が、そこにいた。

私はといえば、覚えるのに精一杯で、振り1つ1つのクオリティなんて考えるところにも到達していなかった。これじゃダメだ。心構えがぜんぜん違う。

松本先生の踊りに心打たれた私は、そこから本番まで「眠りさえ忘れ踊り明かす」ことを誓ったのであった。

第8場　10年に一度の宝塚大運動会～奇跡のイス取りゲーム～

初めての宝塚大運動会

２００4年10月12日、いよいよ「宝塚歌劇90周年記念大運動会」の本番が大阪城ホールにて始まった。

10年に一度。タイミングがうまく合わないと、運動会に出場できないまま卒業される方も多い中、音楽学校に入ったその年に出場できたのは本当にありがたかった。

本番の日、入場パフォーマンスをご一緒している専科さんの他に、花組、月組、雪組、星組、宙組の5組の方全員にお会いできた時の感動は、今でも忘れられない。

おひとりおひとりに対し「本当に存在していたんだ」と思い、「なんでジャージを着ているのにこんなに光輝いているんだろう？」と思い、「ああ……ハチマキになりたい」と思った（ちなみにでもなんでもないが、私は本当に格好いい男役さんや尊い娘役さんを見ると、その方の装飾品になりたいといつも思っていることをここで告白しておく）。

ここでも気を抜くとすぐ「デレデレ」フェイスがこみ上げそうなのを我慢し合っている同期同士では絶対に目を合わさず、宙を見上げながら口をつぐんでいた。

ただ、専科さんとの練習では口元は完全に横一文字に引き締めていたのが、本番では憧れの存在が５組全員４００名近く目の前に現れてしまったので口角が30度くらい上がってしまい、みなドラクエのスライムのような表情になっていた（むしろ、これくらいの表情にとどめておけた自分達を褒めてあげたい）。

ちなみにさんざん練習した入場行進、本番はというと……練習していた教室ではスペースを確保できないくらい大阪城ホールが広くて。ひっっろくて！

でも、入場する門は狭くて！　せっっまくて！

入場門から死ぬ気で全力疾走することになり、全然思い描いたとおりに踊れなかった哀れな私が映ったり映らなかったりするので、もしＤＶＤを持っている方は確認していただきたい。

奇跡の椅子取りゲーム

そんなこんなで全組入場が終わり、いよいよ競技が始まった。

私達音楽学校生は、「玉入れ」チームと、「椅子取りゲーム」チームに分かれた。

私は玉入れに参加したのだが……競技という世界において、最下級生という立場は、兎にも角にも圧倒的不利な立場なのだった。

まず、マインドがすでに負けている。

普段から「下級生として、上級生の方が今、どういう状況で何をしていて、自分にはどんなお手伝いができるのか」を考えながら行動している為、気がついたら私は、自分の回りに落ちている玉を、敵である上級生の方に「失礼します」と言いながらお渡ししていた……。

結局、玉を入れるどころか、一度もネットを狙わずに自分の周りの玉を取りに来る方全員にそれはそれは丁寧に迅速に「お渡し」をして終わった。

結果は言うまでもなく惨敗だった。

「やっぱり、最下級生だし、どの競技も絶対に勝てないな……」

そりゃそうか。初めての運動会だし、思い出だけでも十分さ……。

そんな風に思った矢先、椅子取りゲームチームだった同期の鳳月杏《ほうづきあん》（愛称は「ちなつ」）がとんでもないことを言い出した。

鳳「私……椅子取りゲームが得意なんだよね」

天「は、はあ。そうなんだ。すごいねえ」
鳳「今まで一度も負けたことなくて」
天「へえ……そうなんだ。すごいねえ」
鳳「だから私……優勝するかも」

……!?　マ!?
ちょ、おま、今「優勝」って言ったのか。
たった今勝つことを諦めたばかりの私は、真逆のワードを聞いて思考回路がショート寸前になった。
だが、そう告げた鳳月の曇りなき眼からは、全く嘘を感じなかった。

鳳「勝っちゃっていいかな」
天「え……良いんじゃない……?」
鳳「わかった。悪いけど私本当に勝つから」

そう言い残し、彼女は颯爽と選手が集まる先へ向かって行った。

（嘘は言ってないんだろうけど、流石に勝てるわけないやろ……）

大運動会の椅子取りゲームというのは各組からの選抜メンバーだけでなく、演出家の先生やスタッフさん、選ばれしファンの方々も参加し、総勢１００名以上で行う一大競技なのだ。

半信半疑で彼女を送り出し、悶々としているうちにゲームが始まった。

ＢＧＭは運動会ではおなじみの『天国と地獄』。それに合わせ、皆が大きな円を描きながらニコニコと回っている中、鳳月だけは何も聞こえていないのかというくらいクールに回っていた。さながら『スラムダンク』の流川楓のようなクールさだった。

突如プッツリと音が止まり、皆一目散に椅子へと走り出した。

やはり、参加選手がほぼ全員舞台役者なだけあって、リアクションも舞台サイズだ。ものすごい歓声を上げながら椅子を奪い合っている。その様子に目を奪われているうちに、鳳月の姿を見失ってしまった。

争いに負け、椅子に座れなかった人達がそれぞれの控え席へ帰ってくる……しかし、その中に鳳月の姿はなかった。

（と、いうことは……）

いた。他の5組の方は鮮やかな組カラーのジャージとＴシャツの中、シンプルな白と黒の音楽学校ジャージで椅子に座っている鳳月の姿がそこにあった。

（ちなつ……できる……）

そして、2回戦、3回戦とだんだん小さくなっていく円の周りを1ミリも楽しそうにせずに回り、飄々と椅子に座り続ける鳳月。

少しずつ、彼女が言っていたことは本当だったと思い始めた。

ほんとに、ほんとに優勝してしまうのでは……私はいつの間にか、今日イチのテンションで熱く応援していた。

頑張れ！　頑張れちなつ！　奇跡の最下級生優勝が待っている……颯爽と最後の椅子を奪い取ってしまえ！

私だけでなく、同期全員が鳳月の優勝を思い描いた矢先、
鳳月は……椅子を奪われてしまった。

顔色一つ変えず、スッと戻ってくる鳳月。

（あんなに啖呵切ったのにさぞ悔しかろう……）

私は少し気遣いながら、彼女を励ました。

しかし、彼女はまた、とんでもないことを言い放った。

天「おつかれ！　すごかったよ本当に優勝しちゃうかと思って」
鳳「ああ、うん。勝てたんだけど、さすがに私が優勝したら周りが気まずいかと思って
　ここらへんでやめておいた」

……私は思った。彼女は「王」なのだと。
生まれながらにしてこの世に君臨している。
人を従わせる何かを持っている。
どっから来るんだその自信、という自信を持っている。

それから12年後……
『金色の砂漠』という演目で砂漠のジャハンギール王という役を演じる彼女を見て、「あの時感じたことはあながち間違ってなかったな」と感心したのはまた別の話……。

第9場 タカラジェンヌのてっぺんを目指せ！ 決戦の試験日

緊張の一瞬！ 宝塚音楽学校の試験

宝塚音楽学校では、入学してからも「前期・後期（中間・期末）」と1年に3回試験がある。「声楽（調音・クラシック・ポピュラー）、クラシックバレエ、モダンダンス、タップダンス、選択器楽、演劇、日本舞踊の7科目＋何種類かの課題があり、試験期間は1週間ほどだ。試験はすべて採点方式で、生徒は各科目の合計点によって順番づけられる。

この順番は単なる「成績発表」ではなく、宝塚音楽学校で開催される様々な発表会の「配役」にも反映されるので、みんな必死で試験に挑む。また、入学試験の時とは違い、日々レッスンして下さる先生方が試験官なので、ここで日ごろの成果をきちんとアピールできないと、「練習の時の方ができてたよね」的なことを後日言われることになり、めちゃめちゃ凹む。

その為、試験当日の教室は宝塚音楽学校入学試験と同じくらい、むしろそれ以上のバッチバチに緊張した空間になり、いつもは和気あいあいと仲良くしていた同期もやはり「ライバル」なんだ、と再認識することになるのだ。

誰ひとり不真面目な人間などいない、真剣勝負の世界……。

しかし、この真剣さが、逆に悲劇を招くこともある。

それは演劇の試験の時だった。その試験では1週間前に課題としてモノローグ（1人芝居）のセリフが配布され、当日はみんなそれを暗記してのぞむことになっていた。先生方はみんなの演技を見て「課題のセリフをしっかりと暗記し、そこに描かれているテーマをとらえ、表現することができているか」を判断し、点数をつける。

それぞれが思い思いに読解して動きをつけ何度も練習するのだが、当日のピンと張りつめた空間で悪役商会の人達のような表情で淡々と採点する先生方を前にすると、それまでやってきたことが急にわからなくなってしまう。緊張してセリフすら出てこないこともあるので、みんな必死にセリフを心の中で復唱しながら順番を待つ。

試験を受ける順番は、2グループに分けられた生徒達の片方が全員で教室に入り、名前順で「あ」からか、「わ」からカウントダウンか、どちらかで進んでいくという方式だ。その時はカウントダウン方式で、私はかなり後の方だった。

当然ながら、後になればなるほど、他の人の試験風景を目にする機会が多くなる。

あ、この子の演じ方良いなあ。お、そんな手があったのか、フムフム……と参考になると思いきや、他の人の芝居を見ることで、それまで自分の中で温めてきた演劇プランが「揺らいで」いく。また、緊張のあまりセリフを忘れ、ズタボロになった同期を見てしまうと「次はわが身……」とこちらまで委縮してしまう。

できるだけ外からの影響を受けないように、心の中で「大丈夫、お前はできる……」と唱え、自分のメンタルを丁重に扱いながら順番を待つ。

そして、やっとあと1人で自分の番というところまでやってきた。

私の前に演技を披露したのは、第4場にも登場した大澄れい（現・大崎緑）だった。以前、彼女はアーティストの家系だという話を書いたが、そのせいか、演劇の試験でもやはりずば抜けて他の人とは違っていた。

まず、セリフがほぼ違う。

例えば、試験で与えられたセリフが

「おはよう。今日もいい天気だね。朝ごはん何がいい？」

だったとしよう。彼女の場合はそれが、

「やあ！　おはよう。うーん！　今日もいい天気だよねー。そうだ、朝ご飯食べる？」

になる。語り出しだったり、接続詞だったり、語尾だったり……全体がおかしいわけではないが、セリフの端端が違う。ちょくちょく間違っていく。

次の番に向けセリフを復唱している私の頭の中に、どんどん違う言葉が上書きされていく……。

「やめろー！　やめてくれー！　マジでセリフわかんなくなるから！」

心の中でそう叫ぶも、先生の前で耳をふさぐわけにもいかない。ポーカーフェイスで苦しむ私をよそに、先に試験を終えた同期達は、緑ちゃんのセリフアレンジを聞きながら下を向いて必死に笑いをこらえている。あーあーいいよな、あなた達には余裕があって！

自分の番になり、追い詰められた私は、もう、正しいセリフで演じることを諦めた。

正しさも大事……でももっと大事なのはココ（ハートを小突きながら）さ☆と、この日までに練り上げてきた私の演劇プランに、緑ちゃんエッセンスをふんだんに混ぜ合わせ、「もうどうにでもなーれ☆」の精神で包んだ、練習では一度もやったことのないメソッドで演じきった。

点数を取ることをやめ、とにかく必死に、気持ちを優先に演じた。見ている先生方は何とも言えない表情で淡々と点数をつけていた。自分との温度差にくじけそうになったが、あきらめずに何とかやり切った。

すると……

試験結果は50人中まさかの「3番」だった。

あの時の必死さが芝居に活かされたのだろうか。上位はあきらめていた私にとって、とにもかくにも奇跡だった。

（み……緑ちゃん……!!　緑ちゃんのお陰や……！）

きっと、私に影響を与えようなんてみじんも思っていなかったであろう緑ちゃんに、心の中でそっと手を合わせた。これ以降、私はリラックスして表現することを覚え、それからの試験も、彼女のお陰で奇跡を起こすことができた。

私の演劇のルーツは彼女に作ってもらったと言っても過言ではないのだ。

第10場　試験結果を存分に活かせ！ 涙の文化祭

2年間の集大成

宝塚音楽学校では、2年間様々なことを学ぶだけでなく、その成果を発表する催しが開かれる。春＝演劇・日本舞踊発表会、秋＝秋の音楽会・洋舞発表会と、各科目に分けた発表会があるのだ。

そして、すべての科目の集大成を見せるのが、卒業前に行われる冬の「文化祭」である。「文化祭」という名前だが、決してお化け屋敷とか喫茶店などの露店を出したり、軽音部のライブなどがあるワイキャイした祭りではない。文字通り、「宝塚歌劇という名の文化」の祭りだ。

文化祭は、宝塚大劇場の隣にある、若手スターの登竜門的劇場の「宝塚バウホール」（収容人数526名）で行われる。他の発表会は、基本的には生徒の親族や関係者の方など、近しい間柄の人しか見ることができないのだが、文化祭だけは、一般のお客様へもチケットの販売があり、この時に「未来のトップスター」を見出そうと、たくさんの方が観劇しに来て下さる。この、年に4回開催される発表会に、前回の試験結果が反映されるのだ。

1年目の予科生の時は、発表会のパフォーマンスは「全員による合唱」のみで、秋の音楽会と文化祭にしか出演できないが、2年目の本科生になるとすべてに出演できるうえに、全員の場面だけではなく、試験結果を参考に10人口やペア、さらに、上位の子になるとソロで1曲歌ったり踊ったりすることもできる。

なので、1年目は試験結果があまり良くなくてもさほど気にならないが、2年目になると、いつもは一緒にアホなことをして楽しんでいた同期も、この時ばかりはライバルとして互いに自分の場面を勝ち取る為に必死に試験に挑む。

そんな、音楽学校生活最後の大舞台である「文化祭」の出演場面の中で、私にとって人生最大の難関だったのは、演劇でも声楽でもダンスでもなく「ピアノ」だった。

手首と指の限界突破

当時、器楽は「三味線」「琴」「ピアノ」の3種類から先生方が試験結果を参考に振り分け、2年間同じ楽器を学ぶことになっていた。

私はもともとピアノを習っていたので、できればそれ以外の楽器を教えてもらいたかったのだが、割り振られたのもなぜかピアノだった。そしてその担当のＫ先生が、めっちゃ体育会系な女性の方だった。

「弾きたい曲はある？」と聞かれ、当時「印象派」の音楽が大好きだった私は、ドビュッシーの『プレリュード』という曲を選んだ。先生は最初こそ優しく教えて下さっていたのだが、段々と「もっと強く、ｆ〈フォルテ〉！（音楽用語で「強く」の意味）」と、限界まで強く弾くことを求められた。

もともと優しい曲調が好きな私はこれまであまり鍵盤を強く叩いたことがなかったが、なんとか先生の要求に応えようと、強く強くピアノを鳴らした。

その曲を一通り弾き終わった後、先生に「あなたにはこの曲の方が似合う」とラフマニノフの『前奏曲 作品3の2／嬰ハ短調　鐘』という曲を渡された。

そこで私は、生まれて初めて「ｆｆｆ」という音楽記号を目の当たりにした。「フォルティッシッシモ」と読むそれは、「できるだけ強く」を意味し、簡単に言えば「ｆ〈フォルテ〉」の3倍強くしろ!という意味だった。

「おいおい……序盤の序盤からやけに強さを求めるじゃないか……こりゃあ最後の方はもっと強さを求められるんじゃ……」

予想した通りだった。終盤に差し掛かった時、「ｓｆｆｆｆ」というフォルテの権化のような恐ろしい記号が現れた。「フォルテシシッシッシッシッモ」とでも読むんだろうか。そんな、鬱陶しいハエを追っ払うような名前の音楽記号があるんだろうか。ていうか頭のエスってなに。スーパーか？

そんなことを思いつつ、先生に「フォルテ！」と言われながら、毎日ひたすら練習した。弾いていてとても苦しくなるような、悲しい旋律。譜面の端にたくさん書いてあるツイッターのハッシュタグのような「♯〈シャープ〉」という楽譜の変化記号。これがたくさんあると、それだけ黒鍵を弾くことになり大変。というか正直しんどい……でも、何とか弾き終えることができた。

「よし。次は絶対優しい曲を弾くんだ。坂本龍一のエナジーフロウ（当時流行ってた）とか弾くんだ」

そう思い、教室に入った。しかし、K先生は私が入るなりすぐさま次の譜面を渡してくる。

ラフマニノフの『前奏曲　作品23の5／ト短調』。

……ラフマニノフ！！！

まさかのラフマニノフアゲインに卒倒しそうになったが、なんとか耐え、譜面を開いた。今度は脱色したオタマジャクシのような「♭〈フラット〉」という記号が2匹現れた。

そして、「久しぶり！」とでもいうように「シャープ」もちょいちょい臨時記号で出てくる。いいんだよ！　臨時で出てこなくても。休んでてよ！

そんなことを思いながら練習を始めると、前曲の『鐘』よりもテンポが早く、それでいて強さも変わらないどころか、むしろより強さを求められる。そして押さないといけない鍵盤の数がやたら多い。

元々そんなに手が大きくない私にとってこれはめっちゃ大変だった。毎回終盤に手が攣りそうになりながら、なんとか弾いているような状態だ。先生には相変わらず「フォルテ！　フォルテだよ！」と言われ続けていた。


2か月ほどたった頃、厳しい練習も何とか終わりを告げた。

「ようし。何とか終わった。ありがとう、ラフマニノフ。さようならラフマニノフ」

そんな気持ちで教室から出ていこうとしたその時、K先生がとんでもないことを仰った。

K「天真、これ、文化祭で弾くから」
天「……誰がですか？」
K「あなたが」

………わ――ん（泣）。

やっと終わったと思ったのにー。終わったと思ったのにー。これからもよろしくねラフマニノフになるとは。

これは運命なんだ。私の手首を鍛える為の特訓なんだ。そう言い聞かせ、私は再び練習に励んだ。だが……

授業では一度弾き終わった曲でも、最後の文化祭で披露するとなると、さらに練習を重ねないととても人に聴いてもらうレベルには達さない。

学校では毎日様々な授業があるので、ピアノだけを弾き続けることもできず、先生からは毎回叱咤激励を受けていた。それでもなかなか上達しない私は、休日にK先生の個人レッスンを受けることにした。しかし……

当日、レッスン先の稽古場へ向かっていた私は、人生の中で一番というくらい道に迷ってしまったのだ。地図は読める方で、割と道に迷わないタイプだったのだが、なぜかその時は神隠しレベルでどこにいるのかわからなくなった。

当時はまだガラケーで、ＧＰＳとかもそんなに普及していなかったし、タクシーに乗るという選択肢も思い浮かばず、人見知りなので道も聞けず……。先生の説明を聞きながら書いた自分の地図だけを頼りに（思えばこれがすべての諸悪の根源）真冬の空に白い息を吐きながら歩き続け、何とかたどり着いた。

約束の時間を30分以上過ぎて到着した私に、「遅い！　何してたんだ？」といつも以上に男前に怒ってくるK先生。

２００２年月組公演『長い春の果てに』の紫吹淳《しぶきじゅん》さんのように、

「ちょっと…………道に…………………迷ってた」

とでも言い返したかったのだが、あいにくそのような間柄ではなかったので、ただただすみませんとしか言えず、とにかくすぐ弾くことになった。だが、極寒の冬空の下、手袋もつけずにさまよい歩いたせいで、指先は凍っているかのように麻痺して、全く動かなかった。初めて楽譜読んでるの？というくらいに何も弾くことができない。焦る気持ちをよそに、指先は全くついてこなかった。

そんな私に先生はとうとう大きくため息をついた。まずい。これは怒られる。こんな状態じゃ追い出されてしまう……体を縮こまらせながらじっとしていると、先生は私に言い放った。

「天真……あんた一体何しに来たんだ？」

……だよね。私もそう思う。強く怒ってくれたほうが逆によっぽど吹っ切れたかもしれないが、ただの疑問を投げかけられた私は、ものすごく虚しい気持ちになった。漫画版ナウシカでいうところの「虚無」になった。

この時の切ない思いは一生忘れない。

「虚無」を植え付けられてから、私は取り憑かれたように練習した。今度はエヴァのシンジ君のように、「目標をセンターに入れてスイッチ、目標をセンターに入れてスイッチ……」と、ただひたすらピアノを弾き続けた。


そして迎えた文化祭当日。

初めて宝塚バウホールの舞台に立つ。初めて全然知らない人にも自分を見られることになる。そのことにめちゃめちゃ緊張し、面白いくらい体温が低くなり震えだす指先。高鳴る心拍音に呼応してガッタガタに震えている。自分の体の中で「手」が一番リアクションが大きいことにその時気がついた。

でも、このままだとまた先生に、人生の真理を問うような表情で、何か言われるに違いない。虚無だ!!　それは虚無だ!!　虚無に喰われてしまう……これでいいのか……否!!

自分の出番となり、私は鍵盤上に現れた「虚無」を叩き潰すかのように、1音1音強く強く鳴らしていった。消えろ消えろ、あの時の思い出……道に迷ったことも、音楽学校入学試験の時ホテルチョイスミスしたことも、なんなら1回入学試験に落ちた時のことも……とにかく必死で、瞳孔ガン開きで目の前のピアノを叩き続けた。

そして……気づくとすべてを弾き終わっていた私は、お辞儀をして袖に捌けた。

なかば放心状態で楽屋へと帰る私を、Ｋ先生が呼び止めた。

（どうしよう。どんなふうに弾いたかまるで覚えてない。これはまた虚無コースか……？）

身構える私に、先生はまた言い放った。


「天真……良かったよ」

………先生！！！


かっこよすぎる先生のその一言に、私は泣いた。そのまま、泣きはらした顔でその他の演目もやり切り、無事に幕は降りた。

こんなにも報われた気持ちになった瞬間を、私は一生忘れない。

ただ、それからというもの、先生の特訓のおかげで指の筋肉を鍛えられた私は、筆圧が強すぎて記入用紙を破ったり、パソコンのキーボードが埋め込まれるほど強いタイピングをする人間になったことをここに告白しておく。

第11場　涙の卒業・涙涙の初舞台

ディープインパクト〜芸名の由来〜

文化祭も無事に終わり、あとは卒業の日を待つ私達が、宝塚歌劇団に入る前にしなければならない一番大切なことがある。

それは……「芸名の提出」だ。

自分達のタカラジェンヌとしての「体」を表す「名」。

この先、劇団生として活動していくにあたって必要不可欠であり、兎にも角にも、芸名がないことにははじまらない。

かつては、『万葉集』や『百人一首』の中から創始者の小林一三先生がひとりひとりに名前をつけられていた、的なお話も聞くが、１００年以上続く劇団ともなると、さすがに万葉集の言葉もネタが尽きてしまうだろう……。

ということで現在は、自分達で付けた名前を提出し、劇団サイドに可否を問う形になっている。

生徒達は皆、それぞれ家族や、師事していた師匠と共にそれはそれは丁寧に芸名を考える。尊敬するスターさんのお名前から一文字頂く子もいれば、親子でタカラジェンヌの場合は芸名をそのまま受け継いだりする特殊なケースもある。

そんな中、私はというと……

実は提出時まであまり深く考えていなかった。

ただ、私の名前「みちる」は、両親が名付けてくれた本名であり、元々ひらがな表記でクラス替えの時も一発で見つけられたし（当時は漢字の名前の子が多かった印象）、友達からも「芸名みたいだね」とよく言われていたので、このまま使おうと思っていた。

残るは……苗字だ。悩みに悩んで、合唱の授業中に譜面の端っこに候補を書き連ね、近くにいる同期にアンケートを取ってみたりしたのだが（悪い生徒だな）、どうもしっくりこない。

そんなこんなで提出期限が近づき、慌てふためいていたある日の休日、同期の花織千桜に誘われて、彼女がかつて通っていたバレエスタジオの発表会を観に行くことになった。

開演時間になり、アナウンスが流れる。

「本日は天満バレエ教室第〇回発表会を……」

観劇しながら、ふと頭の中で会話が始まった。

たそ①「へえー。天満バレエ教室っていうのかぁ」

たそ②「かっこいいね！『ＭＯＮＳＴＥＲ』のDr・テンマみたいで」

たそ③「『鉄腕アトム』のアトムを生み出した博士も天馬だね」

たそ④「てか、テンマみちるって……良さげじゃない？」

たそ本人「良さげだね!!」

直後、隣で観劇していた花織に、「『テンマみちる』にしたいんだけどいい？」と唐突にその場で許可をもらい、座右の銘である「天真爛漫」の漢字を使うことにした。

こうして、「天真みちる」は爆誕した。

なお、宝塚歌劇団が年に一度発行している『宝塚おとめ』という、タカラジェンヌのタレント名鑑があるのだが、そこに載っている自分のプロフィールの「芸名の由来」には、「天真爛漫から」としか記載していない。

本当は、「(同期が)尊敬する先生より頂きました」とか書きたかったのだが、関係性があまりにも謎なのと、いきさつを書くだけでスペースのすべてが埋まってしまう恐れがあったので、極力シンプルな表現にさせてもらった。土壇場で生まれた芸名だが、今ではとても大切なもう1つの名前だ。

ちなみに、芸名は過去に同じ名前や似た名前の方がいらっしゃる場合があり、劇団ＮＧに備えて第2希望まで提出することができる。本人的にはかなり「天真」を気に入っていたので、第1の時よりは少し楽な気持ちで、天真が通らなかった時の為に一応第2希望まで考えようと、思いを巡らせた……のだが、なかなか良い名前の候補は出てこない。

いいアイデアが出ないまま、時間だけが過ぎる。思考回路が完全に袋小路に入ってしまった私は、「ま、今日中じゃないし！」と、当時ハマっていたゲームで現実逃避することにした。

そのゲームのタイトルは……『ときめきメモリアル Girl's Side』。

ときメモは良い。本当に良い。すべての乙女の「ときめき」が凝縮されている。

意中の相手を攻略する為のいくつもの試練が、より「この人と結ばれたい」という気持ちを強くさせる。

当時私は、ファーストシーズンの登場人物である「姫《き》条《じょう》まどか」くんに心から惚れこんでいた。彼との距離を少しでも縮めようと、空いた時間に真剣にゲームに取り組む日々。

彼の、普段は明るい関西人なのに実は苦労人で、気さくに話しかけてくれるのに告白の時はめちゃくちゃシャイで……好きなところを挙げだしたらキリがないが、話が脱線してしまうのでここらへんでやめておく。

もうお気づきの方もいるかもしれないが、その「ときメモ姫条君ルート」攻略中のこと、ふと、「キジョウみちる」って……良さげじゃない？　良さげだね！という考えに至ってしまった。

そして、少し漢字を変え、第2希望「希城みちる」も爆誕したのであった。

もし第2希望で通っていたら、『宝塚おとめ』の芸名の由来の欄には

「世界一のときめきをくれた方から頂きました」

とでも書いていたのかもしれない……。

そんなこんなで芸名も決まり、すべての授業を終えた私達は、無事、卒業の日を迎えた。

この日も、音楽学校の合格発表の時と同じく雨だった。

音楽学校での2年間……長いようで短かった日々、バッチバチのライバルとして入学した同期も、毎日朝から晩まで深く時を過ごして、いつの日か家族のような存在に。

修学旅行の時に本気で鬼ごっこしたことや、常に寸劇をしながら廊下を練り歩いたこ

と、宝塚の寮の部屋でなんとか「FMヨコハマ」のラジオを聞こうと奮闘したこと……。

そんなことを思い出しながら、全員卒業証書を受け取り、滞りなく式は終わった。

なかには、感極まってウルウルしている同期もいたのだが……感動も束の間、その後すぐに「宝塚歌劇団」の入団式が待っている。私の記憶が正しければ、午前中に卒業式、午後に入団式という段取りだった。

今生の別れ……と見せかけた直後に新しい世界へ。

そして、私達92期48名はとうとう憧れの宝塚歌劇団の門を叩いた。

涙涙の初舞台

無事に入団式も終わり、いよいよ初舞台に向けた稽古が始まった。

92期生の初舞台は、2006年宙組公演『NEVER SAY GOODBYE』。初舞台生の出演は、一幕開演直後の「口上」と、二幕本編終了後のフィナーレナンバーの「ラインダンス」の2場面。タカラヅカを良く知っている方ならわかる、伝統的な春の風物詩だ。生徒はこの2つの場面に音楽学校で培ってきたすべてをかける。

口上とは、初舞台生全員がタカラジェンヌの正装である紋付に緑の袴で1列に並び、代表の2名~3名がお客様にご挨拶をすること。

ラインダンスとは、曲の後半で全員が横1列になって足上げするダンスのこと。48名の団体芸でもあるので、「一糸乱れぬ統一感」がものすごく重要になる。

ひとりひとりの個性や存在感は、団体表現の際は時として「悪い癖」になってしまう。

なので、振り付けられた日から本番まで、毎日毎日稽古に励む。時には同期全員で「どうしたらもっと振りが揃うか」について熱く討論したり、とにかく数をこなそう！と、無限ループで曲をかけ続けたり……。

そんな私達を特に苦しめたのは、「足上げ」だった。

初舞台の振付を担当して下さったのは、御織《みおり》ゆみ乃《の》先生。

先生の振付されるラインダンス（ロケットダンスとも言う）は「足上げ」の回数が多いのが特徴的で、私達の振付では、2分30秒の曲の中で「41回」足上げをすることになっていた。

クライマックスの1分間はほぼすべてが足上げだった。

一糸たりとも乱れてはいけないので、足の高さや、体の向き、角度などありとあらゆるところを厳密に合わせていく。

特に一番の落とし穴はやはり「回数」だ。

足を上げているうちに回数がわからなくなったり、うっかり曲のタイミングを聞き逃して多く上げてしまったり、はたまた少なく上げてしまったり……。

教室の正面はすべてガラス張りなので、誰が間違えたのかは一目瞭然。多く上げた時は、ちゃんと曲聞いててよー！と同期から注意が飛んでくるが、なんだかんだ「多めに上げるなんてやる気あるな」的な優しさを感じられる。

問題はうっかり少なく上げてしまった時。この時は、「疲れたから足上げるのサボったな」と、もっとやる気を見せろ！的な強めの注意が飛んでくる。気まずい。

時間経過と共に少しずつ注意散漫になってくる空気の中、互いにぶつかり合い、励まし合いながら何度も何度も稽古を重ねる。

夜、稽古が終わると生まれたての小鹿のように両足がぼやぼやする中、何とか帰宅し、私の中でひそかにブームだった「キレートレモン」を飲み、寝る。次の瞬間朝になっているので、急いで支度し、また稽古に励む……。

そんな日々を繰り返し続け……とうとう全員しっかりと振付が体に浸透し、「表現する」という段階に進みかけた頃、新たな試練が課せられた。

それは「チェイサー」という名のステップだった……。

第12場　ダンスにもそういう呼び方があるんだね！　チェイサー…

猛特訓の幕開け

朝から晩までひたすらに稽古を重ね、「曲が聞こえたら頭で考えなくても身体が勝手に動く」レベルまで到達した頃、新たな振付が加わった。

俗に「チェイサー」と呼ばれるそれは、ラインダンスが終わった後、再び曲のサビ的な部分に合わせて初舞台生が「前ならえ」をして互いの肩に手を乗せ、電車のように1列に連結して腿上げをしながら舞台の花道に捌《は》けていく動きのこと。

普段のショーでは、次のダンスナンバーの前奏に合わせて捌けたり、最後のポーズ決まりで舞台照明が暗転し、後奏が流れている中に捌けたりと、あまり「捌ける」ことにスポットは当てられないのだが、この時だけは、捌けることもひとつのダンスナンバーとして、より初舞台生の存在を印象的にする。

ただし！　2分30秒間に41回足上げをした直後、腿上げをしながら捌けていくというのは、中々に体力勝負である。

　しかも、「前ならえ」状態なので、ダダーっと全員が一気に捌けられるわけではなく、ベルトコンベア式に1人ずつ袖中に消えていくように捌けることになる。

　つまり、その時の並び順ですぐに捌けられる子もいれば、最後まで舞台上で腿上げしながら待ち続ける子も生まれる、ということだ。

　私達92期のラインダンスは最後の足上げの時のフォーメーションパターンが「中高《なかだか》」（身長の高い子が舞台のセンターに立ち、低くなるにつれて端になるように並ぶこと）だったので、娘役の子が先頭と最後尾になった。

　先頭はその後に続く全員の舵取りをすることになるので、同期の中でもかなりしっかりしている百千糸《ももちいと》が、そして最後尾は、根性があり、きちんと最後まで腿上げができる、と振付の先生に認められている花城舞《はなしろまい》がそれぞれ選ばれた。

　先生に2人が選ばれた時、名誉ある任務に同期みんなで「凄いね」「格好良いね」と拍手し、私もその2人を心から尊敬していたし、なんなら羨ましいな、私も任命されたいな、とすら思っていた。

　だが……

　いざチェイサーをやってみたら、あまりのしんどさに「心臓が耳の真横にあるのかな？」

と思うくらい凄まじい音でドックンドックンと動悸が止まらず、朦朧とした思考回路の隅っこで「きゅ――しんきゅーしん♪」と某生薬強心剤のＣＭのメロディが流れてくる始末。

ついさっきまでの「私も任命されたいな（羨望）」という気持ちはどこへやら。すぐだ！　すぐにもだ！　私を袖中に迎え入れるのだ……!!と言わんばかりに、少しも早く捌けられることを願い腿上げをするのだった（余談だが、この日の経験から、その後バーなどで「チェイサーいりますか？」と聞かれると反射的に「いいえ、結構です」と応えてしまう症状に苛まれるようになった）。

どんな振付も、大人数で踊る際は全員の意識をひとつにしないと「統一美」は得られない。ことに初舞台は、まだ１人１人の知名度が０に近いので「92期生」として魅せる団体競技に近い。私達は全員の足の上げる高さ、速度など、ひとつひとつ話し合いながら自主稽古を重ねた。

ある日のこと、公演の稽古は普段は稽古場で本番を想定して行っているのだが、稽古期間中に何回か実際に舞台上で行う「舞台使用」があり、私達は初めて舞台上で踊ることになった。

元々大好きで観劇していた世界であり、一度見学はしていたものの、初めて舞台上で踊ってみると……まっさきに思ったのは「どこがどこだかわからない」だった。

稽古場は目線の先に鏡があり、そこに映る自分の姿を見ながら角度をそろえたり、目印を決めていたのだが、舞台に行くと目線の先に広がる無数の客席、ハレーションを起こしたのかと思うほど明るいライトに照らされ、ムスカ現象に陥り軽くパニック。

そんな中、舞台機構の「銀橋《ぎんきょう》」（オーケストラと客席の間にある通路のような舞台）をチェイサーで渡った時……そのあまりの狭さに度肝を抜かれた。

（タカラジェンヌさん達はこんなにほっそい道を踊りながら渡っていたのか……）

ひとたび下を見ると、そのまま真っ逆さまに落ちてしまいそうだ。でも、両手は前の同期の肩に置いているし、後ろの同期も自分の肩に置いているので、もしも自分が躓いてしまって銀橋から落ちたら、自分だけ落っこちるわけではなく、誰かしらを巻き込みかねない。

怖気づいて、石橋ではなく銀橋を叩いて渡るような、綱渡りのような気持ちで進む私達に、先生は

「ここで同期を信じられないでどうする！　自分の前にいる同期を信じてついて行けば絶対に落ちることはない！」

と、アドバイスを下さった。

その言葉により信憑性を持たせる為、その日から毎日、自主稽古で1曲まるまるずーっとチェイサーをやるようにした。

ひたすらに腿上げをしつつ、先頭の百千糸のコーナリングを信じて教室をひた走る。どんなカーブにも対応できるように毎日前だけを見て進む。

そして、初舞台公演の宙組の上級生の方に初めてラインダンスを見て頂く「お披露目」を迎え、愛のある暖かいお言葉をいただき、その後も同期とああでもない、こうでもないと話し合いながら稽古を重ね……迎えた初舞台初日。

とうとう、憧れのタカラヅカの舞台に立ち、お客様に見て頂く日が来た。

かなり緊張が高まってはいたものの、試験の時の委縮しそうになる緊張ではなく、むしろそれ以上に「楽しみ」という気持ちの方が勝っていて、ワクワクが止まらなかった。

同期達と重ねてきた稽古の重みがこんなにも自分の心の安定剤になっている。改めて互いの存在の大切さを感じた瞬間だった。

人生で一度しかないこの日に、必要以上に意気込んでいた私は、

「ここにいる２５００人のお客様全員にどこから見ても気づいてもらえるようなパフォーマンスをして、顔を覚えてもらうんだ！」

と、フルパワーで挑んだ。特にチェイサーの部分では、自分の顔を覚えてもらうべく、

日々印象的な笑顔を研究し、今の有名人だと、２０１８年頃の寺田心ちゃんの両掌を顔の横にパーの形に広げて口を開けて笑っているようなイメージ（ググって下さい）でほほ笑み、銀橋を駆け抜けた。

その日から『ドラゴンボール』の孫悟空のごとく、地球上の元気を集めて発するパフォーマンスは千秋楽まで続いた。

今回、この原稿を書くにあたって、15年越しに初めて初舞台映像を見ることにした（普段自分の出演した映像はなんだか恥ずかしくてあまり見ることがない）。

そこには……

信じられない勢いで口を「Ｏ」の形に広げた、笑顔を通り越して『リング』の貞子に襲われた最初の被害者のような表情で駆け抜ける自分の姿があった。

第13場　運命の配属式。振り分けられた先は……花組!!

運命の配属式

悪魔に乗っ取られたような形相で「銀橋」を通り過ぎるという、今思い出しても「ぴえん」な初日を終えてからはや1か月半。記念すべき初舞台公演も千秋楽を迎えようとしていた。

10年ごとの区切りの期生（90期・100期など）は宝塚大劇場公演の後、東京宝塚劇場でも初舞台公演があるのだが、それ以外の期は宝塚大劇場での公演のみの為、92期全員で1つの作品に出演できる時間は残りわずかだった。

病める時も健やかなる時も踊る時も歌う時も眠る時もいついかなる時も……宝塚音楽学校に入学して丸2年、1日のうち、24時間すべてを常に共に過ごしていた同期達。そんな家族のような同期と、あと何日かでバラバラに行動することになるとは……。徐々に迫ってくる「その日」に向け、山崩しの周りの砂が少ーしずつなくなっていくような物寂しさを募らせていた。

とはいえ、まだ同期がバラバラになる状況をリアルに想像できない事もあり、舞台では日々自分の存在を猛烈アピールする「寺田心ちゃんスマイル（理想）」で公演していた。

そんなある日、今後の配属先を決める「組配属式」が行われた。

92期全員が集まると、会議室には、理事長先生と、各組の組長・副組長が並んでいる。

ここから、48名の同期が「花・月・雪・星・宙」の5組に分かれる。

今後、「組替え」（サッカーなどでいうトレードみたいなもの）がない限り、卒業するまで配属する組が決まる……。緊張とワクワクとでソワソワしながら自分の名前が呼ばれるのを待った。

まずは「花組」に配属される生徒の発表が始まった。

ひとりひとり名前を呼ばれていくなか、私はふと、「宝塚90周年運動会」の事を思い出していた。

音楽学校生として参加した運動会。

プログラムの中に「応援合戦」という、各組が様々な格好して歌ったり踊ったりと自分の組の優勝を宣言するパフォーマンスがあった。

花組の番になった時、氣志團のような応援団長の格好をした、ウルトラハチャメチャに格好良い当時の組長の夏美《なつみ》ようさんが（見た瞬間、私は別チームでありながら「優勝！」と心の中で叫んでいた）、『One Night Carnival』っぽい曲の前奏中、

「花組に来ないか？」

と、信じられないほどのイケボで囁いた。

その時、私は雷に打たれた。そして、「行きま――す！！！」と、手を天に届くかの如く、ラオウの如くまっすぐにあげながらシャウトした（もちろん、心の中で）。

……そんなことをふと思い出した瞬間、

「天真みちる！」

と、自分の名前が呼ばれた。

まさか、本当に花組に入れるとは……！

目の前に立つ夏美ようさんの圧倒的格好良さに目を奪われながら、私は飛び上がり、先に呼ばれた同期のもとへ集まった。

「たそ」誕生秘話

初舞台公演のある日の終演後、かの有名な『宝塚おとめ』の撮影をすることになった。

歌舞伎界に「俳優名鑑」があるように、プロ野球界に「選手名鑑」があるように、宝塚

歌劇団にも、在籍する生徒達のプロフィールが載っている『宝塚おとめ』という出版物がある。

「好きだった役」や「演じてみたい役」など舞台にまつわる欄のほか、「集めているもの」の欄があったり、タカラジェンヌはフェアリーなので「夢と霞」を食べて生きているはずだが「好きな食べ物」の欄があったりと、気になったタカラジェンヌの知りたいことがわかるスペシャルな1冊になっている。

しかも、『宝塚おとめ』は毎年最新版が出版されるので、毎年自分のご贔屓（応援する）のタカラジェンヌのトレンドを知ることができ、過去のものと見比べるのも楽しい。

かくいう私もファン時代から出版される度にすべてのジェンヌさんの情報を隈なく読み漁り、ほぼ暗記していたので、「あ、〇〇が好きな人だ」などと思いながら舞台を見ていた。

そんな『宝塚おとめ』に自分達が載る。

写真写りは勿論、プロフィール欄も気合いを入れて回答していった。

書き進めていくと、「愛称」という欄にぶち当たった。

「愛称（ニックネーム）」は、タカラジェンヌをより身近に呼ぶ事のできる、伝統ある風習である。芸名にちなむ人、または本名にちなむ人。自らが「こう呼んでほしい」と指定する場合や、宝塚音楽学校時代から呼ばれていた愛称を書いたり、凄い人だと生まれた時から

「こう呼ばれていた」と、ありのままに書くことも。兎にも角にも人それぞれに記載されている。

私の場合、もともと同期からは本名にちなんで「うめちゃん」と呼ばれており、そのまま記入しようと思ったのだが、ここである問題が浮上した。

上級生の方と愛称が「被っていた」のである。

愛称は、同期だけではなく、演出・振付の先生方、そしてファンの方々全員が呼んでくれるもの。それが被ってしまうと、今後お稽古場でその方とご一緒した際、「うん？　今どっちを呼ぼうとしたの？」とややこしい事になってしまう。

なので、できるだけ被らない方が良い。私はここにきて急遽愛称を変える必要があった。

同期と緊急会議をした結果、「うめちゃん」の「うめ」はアイデンティティとして残し、「ちゃん」の部分を変えようということになった。

すると同期の煌月《あきづき》爽《さ》矢《や》が、「超おススメな敬称があるの！」と、目をキラキラさせながら提案してきた。

それは……「タン」だった。

「タン」は、当時アイドルや二次元のキャラなどに多く使われる敬称だった。

煌月は、「これならだれとも被らないでしょ！」と目をキラキラさせながらおススメしてくる。確かに。今後も誰とも被らないだろう。

「しかも、タンは、ネットではタソって書くのが流行ってるらしいよ！」

と、煌月はさらにキラキラした目で続けた。

今思えば、なぜその時ネットのトレンドを彼女が知っていたのかはわからないが、「誰とも被らなくて今流行っている」という言葉に猛烈に惹かれた私は、「超いいじゃん！そうしよ！」と彼女の意見をまるまる採用した。

ただ、実際に『宝塚おとめ』に記載する場合、どうすれば良いか。

私としては「うめタン」と呼んでもらいたいが、記載する時はトレンドの「うめタソ」で行きたい。

悩みに悩みぬいた私は、最終的に「うめタソって書くけど、読み方はうめタンだからね☆」という意味を込めて、

「うめタン（たそ）」

と書いて提出した。

時が経ち、刷り上がった『宝塚おとめ』を手にし、期待に胸膨らませてページをめくった。すると、自分の愛称の欄には、

「うめたそ」

と記載されていた……。

誰も悪くない。責め立てるべき人は1人もいない。

ただ、用紙に記入した時に、ドン引きするほど私の説明が足りなかっただけなのだ。

それからというもの、行く先々で「うめたそって何？」と聞かれれば、そのたびに「本名とオタク用語です」と答え、「どうしてうめたそなの？」と聞かれれば、そのたびに「うめたんと呼んでいただこうと思い記入したのですが、編集の方に意向が伝わらずすれ違ってしまい、気づいた頃にはうめたそになってしまい、訂正することはできませんでした」

と、かなり時間を割いて説明する羽目になってしまった。

更には、唯一のアイデンティティだったはずの「うめ」は消え去り、物珍しい「たそ」の部分だけが残ったのであった……。

第二幕

第14場　いよいよ花組公演スタート！～最下級生の仕事～

花組1年生の始まり

念願の初舞台も無事千秋楽を迎え、最初で最後の92期生全員での公演は、涙涙のうちに終演した。

このまましばらくの間は「憧れのタカラヅカの舞台に立てた」という余韻にひたっていたかったのだが、そんな余裕はなかった。

なぜならば、花組のお稽古が目前に控えていたからである。

お稽古は、基本的には公演の約1か月半程前に始まる。

稽古初めの日は、「集合日」と呼ばれており、台本や譜面が配られる（ちなみにこの日に「この公演をもって宝塚歌劇団を卒業する」方の発表があるので、タカラヅカの熱心なファンの方は、ご贔屓の集合日付近の時期になるとソワソワする）。

各組のうち、配属先の「花組」が一番早く集合することになった。

初舞台の千秋楽からわずか1日後、花組に配属が決まった同期10人は、次回公演『ファントム』の稽古に向け、「お話し合い」（ミーティングのこと。当時は必ず「お話し合い」と呼んでいた）をしていた。

初舞台の時は、自分達の出演する場面は「口上」と「初舞台ラインダンス」に限られている為、別教室で黙々と稽古を重ねる日々だったが、これからは「花組生」として稽古に参加するので、花組の組子（組の生徒のこと）の方々とご一緒して、1から作品を作っていくことになる。

私達最下級生がどのように稽古場で過ごしたら良いのか、大まかな事柄を1学年上の方に教わり、それを元に同期で「集合日までに各々でやっておくべき事」を話し合った。

まずは何より、これからお世話になる上級生の方々のお名前を覚えることが先決。

各組の組子は1組約70名ほど在団しているので、70人の芸名を覚えれば良い……というわけではない。

演出家の先生や、上級生、同期同士、下級生、それぞれから呼ばれている名称が違うので、芸名と、今回の上演作品である『ファントム』での役名、更には、期数（○期生の方なのか）と愛称（愛称がいくつもある方もいる）と、1人に対し沢山の呼び名を覚える必要がある。

先日、宙組の方々のお名前を覚えたのも束の間、今度は花組の方々のお名前を明日までに覚えなくてはならなかった。

私はあまり人の名前を覚えるのが得意ではなかったので、『宝塚おとめ』を元に、ポケットに入るくらい小さいノートに上級生順におひとりおひとりの顔写真を張り、覚えるべきことを書き連ねたカンニングノートを作成し、常に持ち歩くことでなんとか覚えることができた。

そのうち、「宝塚おとめには記載されていない愛称」「宝塚おとめには記載されていない好きな食べ物」「宝塚おとめには記載されていないマイブーム」など……稽古を重ねていくうちに、『テニスの王子様』の乾先輩の㊙ノートに負けるとも劣らないデータがあふれたノートが出来上がった。

このノート作成をきっかけに、「相手の名前は特徴と共に覚えれば絶対に忘れない」ということがわかった私は、人の名前を覚えるのがめっちゃ得意になったので、皆様にもぜひおススメしたい。

ちなみに、上級生の方々も私達最下級生の名前を覚えようと話しかけて下さることがある。

稽古の最中、当時の花組トップスターさんである春野《はるの》寿美礼《すみれ》さんに、「天真はなんて呼ばれているの？」と聞かれた事があった。

最下級生にとって、トップスターさんの存在は神にも等しいので、嬉しさと緊張でパニくりながら、

「う……うめたそです」

と、当時宝塚おとめに記載したばかりの新愛称を伝えた。

すると春野さんは
「うめそた？」

と聞き返されたのだが、嬉しさと緊張でパニくっている私はデレデレしながら無言で佇んでいた。

春野さんは更に
「ミネソタ……？」

と聞き返されたので、私はデレデレしながら「もはやミネソタが良い。ミネソタにしよう」と心に決め、「はい」と答えた。

それを聞いた春野さんはただ一言、

「いやうめたそでしょ」

と仰った。

お稽古場の後見人

名前を覚えたら、次は稽古場での作品の流れをすべて把握しなければならない。

個人差はあるが、最下級生は作品の出演場面が上級生の方に比べて少ない事が多いので、自分達が出演していない場面の「演出効果」を担う事がある。

例えば、テーブルを使う場面があればテーブルを所定の位置に出し、その場面が終わる時に持って捌けるなど、お稽古場の後見人として学ぶことがある。

ただ、今回の作品『ファントム』は、ありがたいことに最下級生までかなり沢山の場面に出させてもらうことが多く、出演場面の合間がかなり限られていたので、出し忘れてしまってお稽古の流れを止めてしまうことがないように、同期で「この場面は私が」「ここの場面は2人で」など、かなり綿密に人員配置して作戦を立てていった。

そしてこの作戦は、場面が少しずつ出来上がってくるにつれて、自分達の出捌けの方向にも左右されるので毎回アップデートする必要があった。


ある日のお稽古終わり、我々同期はまたもお話し合いをしていた。

その日は、公演の中でも特にチームワークが問われる試練の場面の作戦会議だった。

稽古場の場面表（その場面に何をどのように配置するか書いた図・同期作）を元に、同期がそれぞれ知恵を巡らせ考えてきた作戦を発表していく。

しかし、なんとか1つクリアした矢先、次の課題が出てくる。我々はもぐら叩きのような堂々巡りに頭を悩ませていた……。それでもなんとか知恵を巡らせ、残る課題は「誰がポールを持って捌けるか」の1つとなった。

しかしこれがかなり混迷を極め、煮え切らない答えに頭が煮え切った我々は次第に謎のテンションに包まれていった。

すると、諦めの境地に至った同期の真瀬はるかが、場面表を見ながら

「誰がこのデジタルリンゴを運べるんだろうね……」

と謎の名称を唱えだした。私含め周りの同期は「……？」と思いながら手元の場面表に目をやった。

そこに描かれていた手書きのポールと思われる絵は、そう言われてみると、角ばっていて上に一本棒が刺さっている「発売されたばかりの頃のデジタルカメラで撮影したような粗い画素数のリンゴ」のようだった。

妙なテンションに包まれていた我々は、突然のデジタルリンゴの爆誕に心を奪われたが、真面目なお話し合いの最中に笑い出す訳にはいかず、必死に堪えていた。

更に、真瀬が

「わかった！　私が机を出した帰りにデジタルリンゴをドゥルンドゥしたら良いんじゃない？」

と叫び出した。

「デジタルリンゴ」の謎も明確になっていない中、更に「ドゥルンドゥとは……？」という最大の謎を突きつけられ、耐えられなくなった我々は吹き出し、笑いが止まらなくなった。

この日から「ポール＝デジタルリンゴ」「セットを出した帰りに別のセットを持って捌けること＝ドゥルンドゥ」という、我々92期だけの名称が生まれた。

その後も沢山の92期語録が生まれ、攻略困難な物事にもどんどん名称をつけることで克服していった。

ただ……次の年、下級生に伝える時に「デジタルリンゴをドゥルンドゥして」と言っても何一つ伝わらない、という弊害も生まれたのであった。

第15場　初めて髪の毛を染めた日

初めて髪の毛を染めた日

なんとか花組の組子としての一歩を踏み出し、お稽古に勤しんでいたある日の休日。花組生として初めての公演である『ファントム』の初日を目前に、その作品の登場人物としてふさわしい髪型、髪色にするべく、美容院へと向かった。

実は、タカラヅカの大ファン時代、私は男役さんの「金髪」に類まれなる憧れを抱いていた。特に心臓を射抜かれたのが、花組公演『源氏物語　あさきゆめみし』の匠《たくみ》ひびきさんの頭《とう》の中将《ちゅうじょう》様。平安時代のお公家様がまさかの金髪で、ポスターを見た瞬間に

「なんだこれは……！　日本物で金髪なんてロックだな……でも……アリかも」

となった衝撃は今も記憶に新しい。

幼き頃は、日本人は黒髪の方が多いわけだけれども、タカラジェンヌさん達は金髪の方が多いんだなあ。海外の方なのかなあ、と本気で勘違いしていたのだが、タカラジェンヌ

になって初めて、作品ごとに、演じる役柄に合わせてヘアスタイルやカラーを決めていることを知った。

演じる役が「ロンドンの下町育ちの青年」なら「光が当たると透き通るような茶金髪」に、「稀代のプレイボーイ」なら「誰もが膝から砕け落ちる美しいゆるふわウェービーなプラチナアッシュ」に、「黄泉《よみ》の帝王」なら「人間界では見たこともない、蒼みがかった黄泉色」に……。役のイメージに合わせて、演出家の先生のイメージを元に自分でプロデュースしていく。そして「今回の役はこれこれこういう感じなんで～」と、美容師さんに伝え、染髪してもらう。

……なんだろう、ものすごくカッコイイ。なんだろう、ものすごくれっきとしたタカラジェンヌの一員ぽい。

「こうなったら、一気に金髪にしてしまおうかしら。ウフフ」

と、期待に胸を震わせながら美容院へ辿り着いた。

だが……私に与えられていた役は「パリの男」「ビストロ客（男）」などだった。この役は、他にも演じる方がいるので、隣に立つ方とあまり被らない方が良い。

更に、人生初の染髪だった私は、最初から金髪にすることが「ロック」すぎて、怖気づいてしまった。結果、美容師さんには「今（地毛）より少――しだけ明るくして下さい」

と伝えた。

染髪後の帰り道、地毛より少――しだけ明るくなった髪の毛を見ながら

「ああ、これじゃあただ髪の組織にダメージ与えただけじゃん……」

と、心の中で猛反省しながら、同期とのお話し合いへと向かった。

すると、そこには地毛より少――しだけ明るい髪色になった9人の同期がいた。

早変わりの精鋭部隊

『ファントム』という公演は、最下級生まで沢山の場面に出演している。出演できる場面の数は作品によってかなり変わってくるので、沢山出演できるのはとても嬉しい。

しかし自分に与えられた役は、主役級の方々のように最初から最後まで同じ人物である「通し役（プリンシパル）」ではなく、場面場面で全員役柄が異なっている「アンサンブル」。

しかも、今回の作品は町の男からオペラ座の客、ビストロの店員や、はたまた妖精など、かなりシチュエーションの違う役が多かったので、その都度衣裳を変更しなければならなかった。

もちろん、通し役の方も着替えられるが、我々最下級生までほぼ全員が同じタイミングで「次の出番」というタイムリミットまでに衣裳チェンジしなければならない時は、お衣

裳替えを手伝って下さるお衣裳部さんの手も限られている為、できるだけ自力で着替えるスキルを身につけなければならない。

衣裳の「早変わり」は宝塚音楽学校の生徒が「タカラジェンヌ」として最初に身につけなければならない、大切なスキルだった。

やり方については、1学年上の上級生の方から伝授してもらい、早く着替えられるよう、事前に準備することなども教えてもらっていた。

だが、「まあ、なんとかなるだろう」と甘く見ていた私は、あまり入念な準備はせずに舞台稽古を迎えた。

そして、初めて最初の場面から次の場面に着替える時が来た。

タイムリミットは、「2分50秒」。上級生の方々は皆、袖中に捌けると自分の早変わりゾーンへまっしぐらに向かって行った。

……その姿を見つめながら、私はシンプルに出遅れていた。

袖中に捌けた瞬間、「はてさて、何をするのやら」と、一瞬考え事をしてしまったのだ。

その間、15秒を無駄にした。

遅れること15秒、早替わりゾーンへ到着すると、上級生の方は恐ろしい速さで、且つ丁寧に美しく次の衣裳に着替え、なんならヘアチェンジまでしている。

その姿を見て、大慌てで着替えるが、テンパり度合がＭＡＸを超えた私は、靴を脱ぐことを忘れ、衣裳が絡まってしまった。衣裳と靴は焦れば焦るほど更に絡まる……その間50秒を無駄にした。

着々と準備を終え、次の出番に向け、舞台の「花道」へ向かっていく上級生の方々。かたや、私は未だ1パーツも衣裳を変えることができていない……。

1人、また1人と周りに生徒がいなくなっていく中、半泣き状態で衣裳と格闘していた。するると、それぞれのポジションで手伝いを終えたお衣裳部さんが、どうしたどうしたと、複数駆け付けてくれた。

「あんた、まずは落ち着いて。なんとかするから」

と、前後左右、総勢4名のお衣裳部さんに囲まれ、ものすごい速さでテキパキとアシストしてもらった私は遅れを取り戻し、なんとか衣裳チェンジをすることができた。

残り15秒……なんとか間に合うか……。早変わりゾーンを飛び出し、ダッシュで花道へ向かう。しかし、ここで「手袋」を忘れたことに気がついた。

ああ、もうダメだ……間に合わない……。

半泣き状態で回れ右をし、早変わりゾーンへ戻ろうとしたところ、向こう側からお衣裳部さんが全力ダッシュで走って来た。その手には「手袋」が握られている。

お衣裳部さんは、

「ほい、忘れ物。ちゃんと全部持ったか確認しないとあかんよ」

と、手袋を差し出した。

私の忘れ物に気づいて、袖まで持って走ってきて下さった。なんて……なんて凄いんだ。なんて精鋭部隊なんだ……精一杯の感謝の気持ちを胸に手袋を受け取り、私は花道へと向かった。そのおかげで、場面にもなんとか間に合った。


出番終了後、手伝って下さったお衣裳部さんへお礼を伝えに行くと、

「トップスターさんでも4人がかりで着替えさせることはなかなかないで。あんた、えらい大物やな」

と、笑われた。

この時の「時間に追われて心の底から焦る」という気持ちは、それ以来いまだに定期的に夢に出てくるほど根強いトラウマになったが、その都度、「周りの方に支えられてなんとか間に合った」という感謝の気持ちも必ずセットで思い出し、心が温まるのであった。

第16場　トップスター退団公演の思い出

トップスターさんの卒業

花組生として出演する3作品目の『アデューマルセイユ／ラブ・シンフォニー』にて、当時のトップスターさんである、春野寿美礼さんが卒業されることになった。

就任されてから5年間（当時の平成入団後のトップ就任歴では最長）、花組のトップスターさんとして輝き続けている春野さんの卒業。

ファンの方々もさぞショックを受けていたと思うが、組子をはじめ、演出家の先生、振付家の先生、大道具さん、小道具さん、お衣裳部さんetc……、宝塚歌劇団に関わるすべての方々が寂しさと感謝の気持ちでいっぱいだった。

当時、私はというと、花組に配属して1年が経とうという頃だった。

「ミネソタ？」の洗礼を受けてからはや1年、5年間の就任期間のうち、わずか3作品しかご一緒出来なかった。わずかだ……あまりにもわずかすぎる。

もともと、自身の初舞台が宙組公演『NEVER SAY GOODBYE』という、タカラヅカのレジェンドオブレジェンドのお2人（和《わ》央《お》ようかさん・花總《はなふさ》まりさん）の退団公演だったので、お客様や組子の皆さんの悲しい気持ちや、盛大なお見送りは経験していたのだが、きちんと「花組の一員」になってから、自分の組のトップスターさんが卒業するというのは初めてだったので、ものすごく寂しく、そして、不安だった。

花組に配属されて間もない頃、まだまだ右も左もわからず、どうすれば良いかわからない時、まず1番に追いかけるのがトップスターさんのお背中だ。

組の顔であるトップスターさんが、この作品をどのようにしていきたいか、組子がしっかりと受け、全体競技で支えていく。それを実現させる為に組長さん、副組長さんがしっかりと組子全員へ的確に指示を出し、なかなかできない最下級生がいたら上級生の方が面倒をみる。

そうやってしっかりと「今の花組」を作っていくということを、やっと少しずつ理解してきた最中のトップさん卒業。まだ自発的に何も考えることが出来ず、ただただ追いかけていた親鳥が突如いなくなった雛のような気持ちだった。

わずかな間でも、今でも鮮明に思い出す事は沢山ある。

『ファントム』の公演中、トップ娘役の桜《さくら》乃《の》彩音《あやね》さん演じるクリスティーヌと、真《ま》飛《とぶ》聖《せい》さん演じるシャンドン伯爵が、夜のパリで2人で歌うという場面で、その後ろを下級生メンバーのみで通行し、踊る事になった。

私は、1期上級生の娘役の方と2人で夜のパリをデートする、という体で芝居をしないといけなかったのだが、当時「男役」として何をどうすれば格好良いのか、ひとつとしてテクニックがなかった私は、ただただ上級生に引っ張ってもらうだけの、端から見れば「初デートにビビりっぱなしの男とリードする女性＝かかあ天下」に見えるようなデートになってしまった。

その時、同期の花輝真帆《はなきまほ》が演じる花屋のセットの後ろにスタンバイしている春野さんが、私を見ていて下さり、芝居のアプローチについて沢山のアドバイスを下さった。

どうすれば男がリードして見えるのか、さりげなく格好良くできるのか、見ているお客様に面白いなと思ってもらえるのかなど、様々な視点をイメージした「課題」を貰う。

ご指摘頂いたことに気を付けて取り組み、その日の稽古終わり、春野さんに自分はどうだったのかお伺いしに行った。

すると、「今度はここをもっとこうしてみたら？」など、次の「課題」を下さった。

次の日それを意識して取り組むと、それを見ていた春野さんに、更に次の「課題」を貰い……。私がしっかり格好良く芝居出来て、春野さんに「もう来なくていいよ」と言われるまで、この「お伺い」は続く。

上級生は今まで培ってきたことをテクニックとして下級生に伝授し、下級生はそれを必死に自分のものにする。そうやって１００年以上、タカラヅカの格好良さ、美しさは続いて来たのだ。

私にとって神様のような存在の春野さんにアドバイスを頂けるということは、春野さんの「技」を直接教われる夢のようなチャンスなので、毎日必死にお伺いしに行った。というか、春野さんに毎日話しかけられる事が光栄すぎて嬉しすぎて、この関係性を終わらせたくないという、恋のような気持ちだった。

今思えば、あの場面の私は、桜乃彩音さん演じるクリスティーヌよりも誰よりもエリック（春野さん）を一番想って演じていたと思う。

本当はこれからもっともっとお近づきになりたかったが、運命には逆らえぬ。

春野さんとの最後の公演、しっかりと格好良さを盗みつつ、沢山思い出を作れたらいいなあと思いお稽古に挑んだ。

何にも代えがたい関係性

春野さんとご一緒できる最後のショー『ラブ・シンフォニー』の中に、元花組トップスターの安寿《あんじゅ》ミラさん振付の「ラブ・ゲーム」という場面がある。

様々な色合いのスーツに身を包んだ男役が回転扉から次々と出てきてはキッザキザに踊り、大人な雰囲気の女性と絡んでハチャメチャおしゃれな駆け引きをしながら踊り、最後はジャケットを空中に放り投げ、ジャンピング後にバタっと倒れるところで暗転、という、これぞ花組の男役の格好良さ！と、娘役さんの妖艶さ！が凝縮された素晴らしい場面である。

今まで、こういうキザな格好良いダンスシーンに出演した事が一度もなく、ずっと憧れていたのだが、生まれて初めて出演できることになった。

お稽古中に待機場から見ていた上級生の方々と、肩を並べてダンスができる。やっと男役の一員になれた気がした私は心の底から喜んだ。

しかし、振付に入ると、その速度感に愕然とした。

とにかく速い。ガンガン進んでいく。

もともと、音楽学校時代に習っていたダンスとは振付のタイプもジャンルも違い、1つ1つの型を覚えるだけでも精一杯だった。かたや上級生の方々は振りを的確に捉え、流れをすぐに把握していくのでずんずんと進む。

1つ学べば次の課題が、1つステップアップすれば次の壁が立ちはだかっていく。

でも、ここで諦めればこの場面から外されてしまうかもしれない。休んでいる暇など全くなく、必死に食らいついていった。

なんとか振付を覚えていくと、春野さんと桜乃さんの2人を中心としたシーンになった。

カジノのルーレットが超巨大化したようなセットで、お2人が寝そべりながら駆け引きする、という史上最強に色気駄々洩れシーンなのだが、この「カジノのルーレットが超巨大化したようなセット」を演出の都合上、大道具さんではなく下級生が運ぶ事になった。

なんと、その下級生に真瀬はるかと私が選ばれた。

それまで場面の一員としてダンスし、途中で舞台後方から「カジノのルーレットが超巨大化したようなセット」を運び、ストッパーをかける、という段取りだった。

だが、振付の途中で「このシーンは短いから、終わった後セットを後ろに運ぶのもやって」と言われ、お2人が踊っている間一旦捌けるのも二度手間になるのでセットの裏に「待機」ということになった。

トップコンビのお2人が踊っているルーレット台の裏に、前からは見えないよう、張り付くように待機する。

お客様は知らないけれど、毎回お2人が踊られる中、お2人の一番近くにいるのは実は私達なんだ、ということをとてつもなく光栄に感じながら日々張り付いていた。ドン引き覚悟で言えば、江戸川乱歩の『人間椅子』のような気持ちだった（あくまでライトな、ライトな！）。もしＤＶＤをお持ちの方は、あの場面での春野さんと桜乃さんの色気駄々洩れな駆け引きを堪能していただき、その裏に潜んでいる私の気持ちも感じ取っていただければと思う……（強制はしない）。

若干の変態みを帯びてしまったが、最下級生時代、少しでも多く春野さんに関わりたかったので、どんな些細な事も宝物のように覚えている。

勿論、美しいエピソードも沢山あるが、それはまた別の機会に……。

第17場　新人公演の試練！〜おじさん役者への道〜

おじさんを演じる、とは……

春野さんの卒業公演のお芝居『アデュー・マルセイユ』は、1930年代のフランス・マルセイユを舞台にした、ワインの密輸と偽札問題とマルセイユ石鹸と、春野さん演じるマフィア（実は……）の超ダンディな男と桜乃彩音さん演じるアルテミス婦人同盟リーダー（昼は観光ガイド）の恋の物語である。

この作品の冒頭で、マルセイユに観光に来たお客さん達を引き連れ、ガイドである桜乃さんがチャーミングに歌う場面がある。

そこで、ガイドさん達が「女性が選挙権を獲得できるように一生懸命活動しているんです！」と話しているのに、聞く耳を持たず「そんなことよりも夜の街を案内してくれないか？」と頼む観光客の男の役を、当時の花組組長である夏美ようさんが演じていたのだが、その役を新人公演で演じることになった。

新人公演とは、普段公演している演目を「宝塚歌劇団に入団してから7年目までの生徒」で配役し直し、新人のみで演じる、若手育成の為の公演である。

この配役で、生徒は自分達の今後の方向性がわかるので、下級生は憧れの役を演じることができるように精一杯努力する。公演回数は、宝塚大劇場・東京宝塚劇場、各1回ずつのみ。泣いても笑っても1回なので、本番の日の下級生は死ぬほど緊張している。

当時、在団2年目を迎えたばかりの私にとって、組長さんの役を演じるのはかなりのプレッシャーだった。プレッシャーというか、何をどうすれば良いのか全くわからない、という状態だった。

着ている服装（衣裳）、夜の街を案内してくれよーという言動などから察するに、きっと35～45歳くらいの役であろう。それくらいの年齢の男性が、マルセイユで観光している。どんな風にはしゃぐのだろう？　いや、はしゃぐのか？　はしゃぐような男なのか？　でも、歌って踊っている。結構楽しんでいるように思える……。大人の男性でもはしゃいじゃう、そんな魅力的な町なのか、マルセイユは。マルセイユ……行ったことない。行った方が良いのか？　良いよな。でも……

私の頭の中はショート寸前だった。1人で役から離れたところでぐるぐると考え込み、ひとまずフランスのガイドブックを買い、観光地の写真を眺めてはまたぐるぐると考え込んでいた。

そんな私に夏美さんはこう仰った。

「1人で悩まず、まずは本公演をしっかりと見ること。そこから自分の表現方法を探すこと」

夏美さんに導いてもらい、ズレたところで悩んでいた事に気がついた私は、やっと1歩前へ進むことができた。

次の日から、冒頭のシーンで歌って踊る夏美さんを穴が開くほど凝視した（今思えばすごく迷惑な行為だったと反省している）。夏美さんを見ていると、しっかりと観光を楽しむところは楽しみ、でも力いっぱい踊っているわけではなく、肩の力は抜けている印象で、誰が見ても「大人の男性」だった。

一方の私は、ただただ精一杯踊っているだけの「シャカリキ頑張るマン」でしかなかった。このままでは、見に来て下さった方の感想も、「なんか頑張ってたね、おつかれ」だけで終わってしまう。

そうではなく、「楽しそうに踊るおじさんだったね」や「女性の参政権運動に1ミリも興味のない、旅行大好きおじさんだったね」など、特徴的なおじさんの感想が欲しい。

ちょっと待て……そうか！　そういう「特徴」を表現すれば良いのか！

そう気づいた私は、楽しそうに踊るおじさんを思い浮かべた。そして浮かんできたのは、映画『イースター・パレード』のフレッド・アステアだった。

その日の夜、速攻でＤＶＤを借り、今度はアステアを穴が開くほど凝視した。彼の、見ていてこちらも踊りだしたくなるような軽快なステップ、落ち着いた仕草、ころころ変わる表情……これだ！　やっと役のビジョンが見えてきた私は本番へ向け突き進んだ。

今までの公演では、あまり年齢設定を深く考えずに「年相応」で演じていたのだが、今回の新人公演を経て、「与えられた役を追及すること」の楽しさに目覚めた私は、「これからも、追及することに死ぬほど苦労する役に巡り合えるといいなあ……」とささやかに願った。

ここから先、数え切れない程の「いろんなおじさん」を演じるとは知らずに……。

第18場　「巨匠」との出会い：序

「巨匠」との出会い

彼との出会いは、2006年まで遡る。

自身の初舞台である『NEVER SAY GOODBYE』で出会ってからわずか2作品後、『アデュー・マルセイユ』も「巨匠」こと小池修一郎先生の作品だった。

初舞台では、お芝居の本編には出演しなかったので、あまり具体的な演出指導を受けたことはなかったが、『アデュー～』では、〈観光客の男〉や、〈バザー出席者〉など、台本に印字されることはないが、ガヤ芝居として話すことはできる役を貰い、真ん中で芝居をするスターさん達の「背景や環境」を、豪華且つリアルに生み出すようにいろんなダメ出しを頂いた。下級生はセリフがなくても「豪華なセット」になれる、ということをこの時知った。

そして……なんとその次の宝塚バウホール公演『蒼いくちづけ』でもご一緒することに

なった。

この時までに出演した作品はわずか5作品。そのうちの3作品が「巨匠」作・演出。ここまで頻繁にご一緒できることはなかなかない。

ただ、実際にお会いする前から、お名前だけは存じ上げていた。

小学校低学年の頃、自分にとってのアミューズメントパークが図書館だった私は、休日はもっぱら本を読みに通っていた。様々な本がある中、一番ハマっていたのが『手塚治虫漫画全集』と『ポーの一族』で、何度も何度も同じものを借りて読んでいた。

ある日、『ポーの一族』を読んでいたら、巻末のエッセイで彼の名前が目に入った。そこには『ポーの一族』を描かれた萩尾望都先生の影響で宝塚歌劇団に入ったというようなことが書かれていて、それを読んだ私は初めて「宝塚歌劇団」の存在を知った。そこから、おばあちゃんのステマなどにより宝塚歌劇団を受験する流れに至ったので、実質、「萩尾先生の影響により宝塚歌劇団に入った巨匠の影響により宝塚歌劇団に入団した私」の図式が完成する。

『蒼いくちづけ』もバンパネラのお話なので、「永遠の時を生きる美しく孤高な存在」が好きなお方なのだな……と、推しジャンルを把握するオタクのような気持ちで認識していた。

普段の大劇場公演は主役は勿論トップスターさんだが、バウホールでは今一押しの若手が初主演することも多く、スターの登竜門的な存在だ。前回お話しした新人公演の次のステップといったところである。

『蒼いくちづけ』という作品は、まさに今メキメキと頭角を現しはじめた若手スターと、当時研究科（入団後）10年以下のメンバーのみによる「ワークショップ」的公演だった。

更に、出演者はAパターンBパターンのダブルキャストで、主演・ヒロイン・2番手さんの役の方はどちらか一方のチームにしか所属しないが、残りのメンバーは各パターンで別の役を演じるという、かなりハードな演目だった。

私は、「レンフィールド」という、冒頭5分で主役のドラキュラのお屋敷にいるコウモリに襲われて気が狂ってしまう不動産仲買人の役を演じることになった（説明の仕方よ）。

もちろんこれもダブルキャストで、Aパターンが毎度おなじみ同期の真瀬はるか。私はBパターンだった。

初めて「名前」のついた役を頂いた。今までは、〈パリの男〉や、〈タンゴの男〉など、複数人いるグループの内の1人だった（一応、自分の心の中で名前は付けていたが）。

そして、2行以上のセリフも頂いた。

1組70名以上が在籍しているタカラヅカでは、「セリフを覚える」という機会そのものが限られた人数にしか与えられない、言わば特権だ。

自分に与えられる課題が多ければ多いほど、やる気もモチベーションも上がっていく。

私はいまだかつて感じたことのないドキドキワクワクを胸に秘めていた。


そして迎えたお稽古初日。

最初こそワクワクしていたはずなのだが、台本を読み込めば読み込むほど一体自分が何をすれば良いのか全くわからないまま、稽古場に向かった。

出演者全員の顔合わせの後、本読みが行われた。

まずはAパターンでの本読みをする。同じ役を演じる真瀬は、研究科2年生とは思えないほど堂々と、抑揚が付いた声でセリフを読んでいった。もはや、段階的にはすでに立ち稽古を付けているような完璧な芝居だった。

一幕を読み終わったところで巨匠は、

「真瀬は完璧です。出来上がっているのですぐにでも本番を迎えられる」

と彼女を称賛した。

今までのお稽古場では「褒める」と「ダメ出しする」の割合が1対9くらいの巨匠が、序盤からこんなに褒めることは珍しかった。

この言葉を聞き、私は本読みする前から心が折れた。きっと、彼女を超えることは出来ないのだろう……そもそもどうやればいいか全く思いついていないのだ。こういう時、「なにくそ！」と諦めずに立ち向かえれば良いのだが、すぐに戦意喪失してしまうのが私の悪い癖だ。

この後、どんな風に本読みをしたのか、あまり覚えていない。

巨匠は、「何を伝えたいのかがはっきりしない」的な事を仰っていた。

私は、役を演じる際に、その人の気持ちが少しでも理解できないと、セリフの抑揚がなくなる。更に、なんとかしようなんとかしようと、自分1人だけの世界で頑張ろうとするので相手との会話のキャッチボールが出来なくなる。

かたや真瀬は誰がどこからどう見ている、ということを的確に捉えることが出来ていた。

巨匠は私に、「全体のストーリーをちゃんと伝えること」「狂っている時も、浮いているのではなく、周りとうまく絡み合って行けるようにもっと考えて」と何度も何度も仰った。その言葉の意味はわかっていたのだが、具体的に、何をどうやってどう考えるのかがわからなかった。

差はドンドン開いていく。「役を降ろされるのでは……」と、焦る気持ちと裏腹に、具体的に何をすればいいかはいつまでも思いつかなかった。

すると、それを見かねた主演の朝夏《あさか》まなとさんと望海風斗《のぞみふうと》さんが、個人的に練習を見て下さった。

朝夏さんは私と2人での掛け合いに何度も何度も付き合ってくれて、都度「このセリフにはどんな気持ちで答えている？」と、こちらの気持ちに寄り添って導いて下さり、望海さんは前から見ていて客観的にどう見えるのかを教えて下さった。

更には、私が真っ暗な森の中をカンテラ1つの灯りを頼りにお屋敷を目指すというシーンの、私の怖がり方をよりリアルにする為、終演後の完全に消灯した劇場の舞台を見に行こうと連れて行って下さったり（許可も取って下さった）、様々な事をイメージできるように自主稽古に付き合っていただいた。

そのおかげで、一辺倒だった芝居に少しだけ「思慮」が生まれ始めた。

レンフィールドが何を考えて何を思っているのか、それを表現しない限りは次の段階に進めない。気持ちがわかれば、それをまっすぐに表現することができる。私は会話するセリフの隣に、彼の胸の内を書き加えていった。

そして……お稽古終盤、巨匠は最後に真瀬と私に対して、

「例えば2人が画家だったら、真瀬は、テクニックが多く、様々な手法で描いていくが、何を描いているかは抽象的。天真は、輪郭からバーンと描くから何を描いたのかは一目瞭然だけど、それだけ。2人を足して2で割ったら良いのに」

と、淡々と仰った。

すとんと腑に落ちるものがあった。


その巨匠の言葉を胸に、本番1回1回を丁寧に演じていった。

巨匠も毎日観に来られては、細かく丁寧にご指導下さった。

千秋楽、今までに感じたことのない充実感と感謝の気持ちでいっぱいになった。

「次に巨匠の作品に出るまでに、もっともっと沢山のテクニックを身につけよう！」

私は心に誓ったのであった。

第19場　人生の岐路～小劇場選抜落ち～

新トップスターの誕生

巨匠から抱えきれないほどの課題をもらい、初めての小劇場公演の千秋楽を迎え、久方ぶりの休日も泡沫……春野寿美礼さんが卒業し、花組トップスターに真飛聖さんが就任され、新トップスターお披露目公演『愛と死のアラビア／Red Hot Sea』の集合日を迎えた。自身にとって3人目のトップスターさんである真飛さん。

誰よりも美しく（どんなに至近距離で見てもきめ細やかすぎるお肌、艶やかな髪……）、気高く、なのに笑いの為なら平気で変顔できるような（打ち上げなどの乾杯の音頭はいつもとある方のモノマネだった）、気さくな方。

初めて就任の瞬間からご一緒できたことが本当に嬉しく、お披露目公演でも何らかの形で関われないかな……と期待に胸を震わせていた。

すると、その願いが届いたのか、ある日の芝居稽古で「登場人物皆殺し」の異名を持つ谷正純《たにまさずみ》先生に突如、「真飛さん演じるトマスを不法侵入で止めようと思ったら力負けして引きずられたっぽく出てくる兵隊」の演出を付けていただいた。

しかも、「何者だー！」というセリフ付き。

元々頂いた台本には記載されていないセリフだったので、ものすごく嬉しかった。

ただ……そのセリフは、舞台上ではなく舞台袖の中で言って、そこから出てくるという、いわゆる「カゲセリフ」だった。

更には……マイクがあてがわれていなかった。

当時の私は、「把握漏れがあるかもしれないので、セリフがあるのにマイクを付けてもらえていない場合は申請する」という事を知らなかった。

ただただ、「まだまだ自分が半人前だからマイクも付けてもらえないんだ」と本気で思っていて、なんなら「大劇場２５００人全員に聞こえる程の声量を手に入れてみせる！」と謎のベクトルに意気込んでいた（その昔、音楽学校時代に玄関掃除を担当していたのだが、朝の掃除中、学校の門で挨拶した声が、宝塚南口駅まで聞こえてきたという声量の持ち主ではあった）。

そして舞台稽古当日、私は袖中でウヴォーギン（ハンター×ハンター）もびっくりの大きな声で「ぬぁぬぃむぉおぬぉどぅあ――！」と、叫んだ。

が……悲しいかな、客席には1デシベルも届いてはいなかった。

「皆殺し」先生に「もっと声出せー！」とマイク越しに言われ、（いや、これが今の私に出せる最大デシベルなんです……）と意気消沈した。

すると、真飛さんが

「もしかしてマイク持ってないの!?」

と若干引いた感じで聞きにきて下さった。

私は（うわぁ、お話ししてる……）と心ここにあらず気味ではあったが、「持っていません」と答えた。

それを聞いた真飛さんは、ご自身の衣裳に付けているピンマイクをスッと取り、私に向け、「これに向かって言いな」と差し出して下さった。

そして、音響さんに「天真のセリフを私のマイクで拾うので早めにスイッチ上げておいて下さい」と、すかさず伝え、一瞬でマイク越しにセリフを言う環境を作って下さった。

本当にあっという間の出来事にしっかりと感謝の気持ちを伝えることもできず、お手数をおかけしてしまったことに申し訳ない気持ちでいっぱいで、ただただ立ち尽くす。

そんな私に、「これからはちゃんと申請するんだよ」と、真飛さんは優しく仰った。この時の感謝してもしきれないという思いは、今も忘れない。

ただ、感謝の気持ちと同じくらい未だに脳裏をよぎるのは、あの時、袖中で信じられないくらいの雄たけびを上げた私の真隣に立っていた真飛さんの鼓膜は無事であったのかという一抹の不安だ……。

人生の岐路～小劇場選抜落ち～

真飛さんのマイクに向かってセリフを言い、舞台に出る、という贅沢な役目も頂き、袖中のカゲセリフだとしても立派なセリフをあてがわれたと思い……。

研究科3年生、少しずつではあるが舞台を作っていくにあたり「団体種目」から「個人種目」への挑戦が始まってきたのではないか……と、少し進歩を感じていた矢先、『愛と死のアラビア』の新人公演の香盤が発表された。

自分は、「メドヘッド」という14歳の少年の役を演じることになった（後にも先にも子役を演じたのはこの時だけだった）。

新人公演で、「～の男」や「～兵①」のような役ではなく、きちんと「名前のついた役」を演じるのは初めてだった。しかもあまり他の役を兼用することもない「通し役」に近い配役をされたことで、私は「劇団にきちんと認識されている」と思い、心から嬉しかった。

そんな中、次の公演の集合通知が発表された。

次の公演は大劇場ではなく、全国ツアーやバウホールなどの小劇場作品で、計3演目あった。

前回『蒼いくちづけ』にも出演していたし、今回も3つも作品があるのだからどれかには入っているはず。

そう思いながら1公演目の通知書を見る……が、名前はない。

次の演目の通知書を見る…………が、名前はない。

最後の演目の通知書を見る………………同期の名前は何名か確認できたが、自分の名前はない。どこを探しても、何度見直しても自分の名前が見つからなかった。

私は、どの作品にも出演者として選ばれなかったのだ。

宝塚音楽学校入学試験に落ちた時以来の、膝から崩れ落ちるような衝撃を受けた。

妙に心臓がドキドキしている。同期の「やったー！　入った！」と喜ぶ声が聞こえる。

誰が入って誰が落ちたのか。自分より下級生も入っているのに、私は入らなかったのか。ショックと悲しみと恥ずかしさで早くこの場から消えてなくなりたかった。

明日からも公演は続くことが苦しすぎる。行きたくない……。

それまでの自分の配役なんて、何も関係なかったのだ。劇団の上層部の方に私という人間は必要とされていない。というより認知されていない。

その事実に直面し、ボーっと心ここにあらずで家に帰った。

次の日の公演から、なんとか気持ちを切り替えて臨もうと思っていても、「自分は選抜落ちした人間なんだ」という思いが纏わりついて、楽しく公演することが出来なくなった。お客様はまだこのことを知らない人もいるはずなのに、この世の全員が自分を必要としていないと思い込んでうまく笑うことが出来なくなった。

そのまま千秋楽を迎え、長い長い「休み」が始まった。


小劇場や全国ツアー公演に出演しない生徒は、稽古期間と公演期間の約3か月間が「お暇」になる。この期間、毎朝劇団ではレッスンが開催されているのでそれに通ったり、この機会に様々な環境で自分のスキルを上げる生徒もいるが……

私は……ただただグレた。

以前の休み期間中に、同期ほぼ全員で車の免許を取りに行って運転はできたので、レンタカーで思うがままに走った。盗んではいないが、さながら尾崎豊の『15の夜』のように、走った。

他の生徒がパフォーマンススキルを上げていく中、私は運転スキルを上げていた。

長い休みが残り1か月を切った頃、心がグレにグレていた私は、「……なんか、自分は必要とされていないだろうし……それならいっそ辞めた方が良いのかもしれない」と思うようになってきた。

そのままのテンションで実家に電話をかけ、

「私……タカラヅカ辞めようと思う」

と両親に相談した。

すると、両親はあっさりと「良いよ」と返してきた。

（一往復も粘らんのかい）と拍子抜けする私に、両親は、

「ただし、今まで夢の為にかけてきたお金をキャッシュで全額今すぐ返せるなら」

と言い放った。


全額……か、返せない……。

私の人生、これまで一体どれだけの恩恵を両親から受けてきたのだろう。その思いを自分はこんなにも早くないがしろにするところだったのか……。

両親の言葉を聞き、私は猛省した。そして……その瞬間から心を入れ替えた。

劇団から必要とされていないならされるようになるしかない。

認知されてないならもっともっと知ってもらうしかない。

その時から、私は舞台上での自己アピールをより一層強くすることを決めた。「どのようにパフォーマンスしたいか」を先に決めると、レッスンもなんの為に受けるべきかがわかってくる。私は次の大劇場の稽古に向けひたすら自分の魅せ方を研究していった。

この時の研究の1つの答えが、

「いついかなる瞬間に誰から見られても、ウィンクしてるな、と思われよう」

だった。

こうして、のちに「ウィンク大量生産機」の異名を持ち、ウィンクするだけで笑いが生まれる私の1つの芸風が定まっていったのであった。

第20場　情報量の多いおじさん選手権

ここにいるよ

タカラヅカを辞めようか……と思った日々も乗り越え、3か月間の「充電期」を経た私は、心を入れ替えて公演に臨んだ。

次の作品は、『太王四神記』。

フィナーレの「朱雀のロケット」という場面に出演していた私は、休み期間中に習得したウィンク大量生産機を毎日フル稼働して踊っていた。具体的に言えば、ロケットの曲中約3分間、ただひたすらにウィンクしていた。

私のような研究科3年目の若造を、ずーっと追いかけて見てくれている人なんて、劇場の1%にも満たない。2時間半の公演時間の中で、たまったま視界に入ってきた数秒間の印象を「ウィンクしてくれた!」にしたかった。なので、いつ何時みられても良いように、「私は　ここにいるよ（feat.青山テルマ）」と、ずーっとウィンクしながら踊っていた。

こんなことが果たして何かに繋がるのか。不安に駆られる日もあったが、せめてこの公演期間中だけでもやってみようと、気を入れ直して挑んでいた。

すると……ある日の朝、劇場に向かって歩いていた私に見知らぬ方が、

「アンタ、ラインダンスの時めっちゃウィンクしてるやろ（関西弁）」

と、突然話しかけてきた。内心ビビりながら、

「え……はい。」

と答えると、その方は、

「アンタ……おもろいわ（関西弁）」

と言い残し、その場を去っていった（ちなみに、このエピソードは、自分がタカラヅカを卒業する時、組長さんに舞台上で読んでもらった）。

突然話しかけられてビビったが、見知らぬ方からの印象を「ウィンクしている子」に出来たことに手ごたえを感じた。

自分を知らなかった人に存在を知ってもらえた……そのことは私に少しだけ自信を与えてくれた。

そして、次の小劇場作品の香盤表が貼り出された日。

恐る恐る表を見に行くと、そこにはしっかりと自分の名前が記載されていた。

私は心の中で「イヨッシャァァアアアア!!」と固くガッツポーズを決めた。

創聖の情報量の多いおじさん

少しだけ自信がついたのも束の間……研究科4年生になり、自分の存在証明をウィンク以外にも取得したいと思っていた頃、バウホール公演『フィフティ・フィフティ』に出演することになった。

作・演出はダーイシ先生（呼んだことないけども）こと、石田昌也先生。

大劇場作品では下級生の見せ場はどうしてもフィナーレナンバーのロケットになりやすいが、小劇場作品だと、総人数が減るのでお芝居をしっかりと演じる機会が増える。私はここで芝居のスタンスを確立させたいと思っていた。

この時いただいた役は「山間の村の男」で、主要キャスト以外ほぼ全員がこの役だった。アンサンブル芝居とでも言うのだろうか、主演のお2人が大都会から逃げ込んできた「村」の「状況を表す」為、1つの状況につき、村人1〜5人位でセリフをリレーして語りかける。自分のセリフを言うタイミングを忘れると、次の村人にもドミノ倒しのように影響が出るので、集中して挑む、かなりの団体戦だ。

そして、同じ「村の男」でも個性を出さなくてはならない。

それに、山間の過疎化した村の住人なので、方言で話さなくてはならなかった。

自分以外の村人を演じる方々がどう表現するか悩まれている中、私は、ワクワクが止まらなかった。なんなら、男役としての「格好良さ」を研究することよりも俄然乗り気で、村人の「面白さ」を突き詰めようとしていた。

村人の中で「勝手に」一番年上設定にして、「馬をこよなく愛し、生きとし生けるものに感謝し、俺最高☆と信じている若干イタイおっさん」にしよう！と人物像をイメージし、しゃがれ声にする為にぶっ続けでヒトカラ（一人カラオケ）したり、姿勢も若干猫背にしてみたりと、格好付けてることが面白く見えるにはどうしたら良いか日々考えていた。

更に、村人は「我こそは！」と思う人が髭を付けて良いとのことだったので、真っ先に申請し、自分にとっての「ネイチャーおじさん」＝C・W・ニコルさんをイメージした、モックモクの髭を付けることにした。

これが、自分の役として「髭のおじさん」を初めて演じた瞬間だった。

そして迎えた本番、自分がセリフを発した時に、お客様の笑い声が聞こえてきた。

しっかりとした手ごたえを感じた。

その時ふと、こんなにも意欲的に、明確なイメージを持ちながら役を掘り下げられたのは、これが初めてなのでは……ということに気づいた。

そして、ある考えに辿り着いた。私は二枚目よりも「情報量の多いおじさん」を演じるほうが性に合っている、ということに……。

次の作品は、『外伝 ベルサイユのばら―アンドレ編―／EXCITER!!』だった。『外伝 ベルサイユのばら』では、酒場に屯する村の男の役だった。再び「村の男」だったが、今回は状況も環境も全然違う。私はまた1から、新たな「村の男」を考えることにした。

ある日、上級生の方が体調不良になり、通し稽古の際にその方の代役を私が務めることになった。自分の役ではセリフがなかったのだが、その方の村の男の役にはセリフがあり、これは、自分が作ってきた村のおじさんとして話せるチャンスだと、ド緊張しながらも精一杯表現した。

すると、通し稽古終了後、演出の植田紳爾《うえだしんじ》先生にごくごく普通にダメ出しをされた。

「本役の上級生の方に伝えれば良いのか……？」と思い、ダメ出しを書き留めておいた。

数日後……

初日公演をなんとか終え、緞帳《どんちょう》裏で先生方の初日の総評を聞いていた時、植田先生に

「そういえば天真」と突然名前を呼ばれた。

内心（なんだ？　怒られるのか？　何した？　私今日何した？）とビビりながら返事をすると、先生は、

「アンタ、あの日に演じた村人の役、代役やったんやな、今日観てて気づいたわ。おもろかったから本役や思って普通にダメ出ししてたわワハハ……」

と、あの時の芝居を褒めて下さった。


……今までに感じたことのない、心臓の内側から暖かい何かが流れ出して、身体全体を包み込まれるような感覚に陥った。

初めて、初めて自分の存在を認めてもらえた……。

嬉しすぎて辛い、そんな気持ちになった。

やはり、自分は「情報量の多いおじさん」を突き詰めるべきなのだ……！

もっともっと、自分を認めてもらえるように精進しよう。と、私はやる気に満ち溢れたのであった。

水泳帽事件

やる気に満ち溢れた私が次に挑んだ作品は、『ＢＵＮＤ／ＮＥＯＮ 上海』。作・演出は、これがデビュー作の生田《いくた》大和《ひろかず》先生。遡ること幾年、宝塚90周年の式典など、宝塚音楽学校生時代からお世話になっている先生だった。

一番初めに演出指導を受けたのは花組公演『ファントム』の新人公演だった。

だが、一番印象に残っているのは、初舞台公演宙組『ＮＥＶＥＲ ＳＡＹ ＧＯＯＤＢＹＥ』の口上のお稽古中、演出助手として稽古に参加されていた先生に、ある日なんの前触れもなく、

「それ……ＦＭヨコハマのステッカーですか？　湘南の」

と話しかけられたことだった。当時、Ｆヨコヘビーリスナーの私は自分の使っていたファイルにＦヨコの「ＷＥ♡ＳＨＯＮＡＮ」というステッカーを張っていて、それに気づいて下さったのだった。

その日から心の中で勝手に「同志よ……」と思うようになった（ド厚かましいな）。

それから、何度か新人公演でお世話になり、とうとうデビュー作に出演できる。作品と先生をこちらから選べるわけではないので、ありがたい巡り合わせに心から感謝した。

私が演じることになったのは、郁詠馥《イクエイフク》という、医者業の傍ら裏で薬を売りさばくサイケデリックな役だった。

これは、今まで頂いた役の中でも、かなり演じたことのない情報量のおじさんだった。

頭の中に拡がっていくイメージを抱えつつ、お衣裳のデザイン画を見ると、そこにはアラーキーのような、電撃ネットワークの人のような髪型に中華帽を被り、白衣にこれまたアラーキーのようなレンズの小さいサングラスを常にかけている、半端なくパンチの効いたドラスティックなおじさんの絵が描かれていた。

これは……このデザイン画通りの人間にしたい……！

その日から見た目も中身も少しでも近づけるよう日々研究した。

ただ、1つ心配なのは、このアラーキーのような髪型はさすがに地毛では再現できないかも……ということだった。

タカラヅカでは、コスチュームものなどの公演の際、カツラ屋さんに手配することがあるのだが、私はなぜかそれを「娘役だけの特権」だと勘違いしていた（本当にあほ）。

なので、「男役だから自分で作らなければ……」と謎に息まいて、フォンテーヌという奥様のウィッグなどを販売しているお店でウィッグを買い、それを中華帽に縫い付けようと試みた。

しかし、中華帽はお衣裳部さんからお借りしているもので、直接縫い付けられない。それに中華帽は2種類あるから着脱式にしないと一瞬で被り替えられない。どうする……どうすれば良いんだ？

悩みに悩み、苦しんでいた私の目に、ふと、小学校の頃から使っている水泳帽が眼に飛び込んできた（今思うとなんで目に入る位置に水泳帽があったんだろう、謎）。

そこでピ――ンと閃いた。

そう……私はその水泳帽にウィッグを縫い付けたのだ。

こうすれば、簡単に中華帽の着脱ができる！　私、天才か！！！！！

自身の発想の転換と完成度に感動した私は、初日の楽屋でいろんな方に自慢げに見せて回った。

そして、満を持しての自分の出番、意気揚々と薬の歌を歌っていた私は、クレイジーな動きを見せる為頭を上にのけぞらせた。すると……

コロンとか細い音が聞こえ、下を見ると、私の頭に乗っていたはずの中華帽が床に落ちていた……。

床に…………落ち…………て…………る…………？

ということは…………いま…………わたしは…………しょうがっこうのころからつかっているすいえいぼうをさらしている…………？？？？？？？？？？？？

一瞬、目の前がブラックアウトしたような錯覚に襲われた。

こういう時ほど、クリアに聞こえてくる客席の反応……

ざわざわざわ……ざわざわ……あれって……ヒソヒソ

後のことはあまりよく覚えていない。

今でも良かったと思うのは、サングラスをかけていたことだ。あれがなかったら、1列目のお客さんはスイミーの赤い方の魚くらいギャンギャンに泳ぐ私の目を目の当たりにしていただろう……。

生田先生の大切なデビュー作品の初日をメタメタにしてしまったと、心の底から申し訳ない気持ちで一杯になっていた私は、終演後、先生の元へとマッハで走り、そのままスライディング土下座の勢いで謝罪した。

すると先生は、笑いながら
「こんなに衝撃的な初日になって逆に良かったです」

と仰った。

こんなにも人の温かさが身に染みた日はなかった。

この時から「同志よ……」だった先生への気持ちは「神よ……」になったのであった。

第21場　史上最悪の出来事～初めての見せ場～

本当にあった怖い話

　研究科5年生の頃、真飛聖さんがトップスターとして主演された『虞美人』の新人公演でのこと。私は、宋義という役を演じることになった。本役は、悠真倫《ゆうまりん》さん。宋義は、『天空の城ラピュタ』の将軍のような、高圧的且つイヤミな人物で、ざっくり言うと、進軍の途中、46日間も安陽（地名）に留まり、飢えて凍えている兵士達を他所に夜な夜な宴を開く嫌な武将。真飛さん演じる項羽に一気に切り殺される、という役だ。そして、宋義は、紅林という稚児を大層可愛がっている……という役どころだった。この、紅林を新人公演で、同期の鞠花《まりか》ゆめが演じることになった。

　ゆめは、歌、ダンス、芝居なんでも万能に熟し、日本舞踊で名取を持っていて、書道も嗜み、とにかくどこをとっても有能な、「頼れるお姉さん」的存在だ。いつも、ぼへらーと生きていた私をグイグイと引っ張ってくれていた。更には、芸事に限らず様々な分野への探求心がものすごくあり、一度何かにハマるととことん突き詰めていくストイックさも持ち合わせていた。

そんな彼女は当時、「トマトジュース（及びトマト）」に大層ハマっており、トマトの種類が充実しているレストランや、レアなトマトジュースを取り寄せては、「トマト嫌いなたそでも飲めるから！　飲んでみて‼」と、紙コップに注いだトマジューを手に（もはや断れない状態）やや強引に勧められたりしていた。

そんな、「頼れるお姉さん」を、「20歳以上年下の稚児」として可愛がる日が来ようとは。しっかりと役を務めなければ……。私は今までにない程の覚悟を決めた。

そして迎えた新人公演本番、私は奈落（舞台の真下のスペース）でたった1人、戦々恐々と震えていた。なぜなら、出番が人生初のセリ上がり（舞台の床の一部が昇降する）で、その後台本見開き1ページ（およそ24行くらい）の長ゼリフが待っていたからである。

こんなに見せ場があるのは初めてだったこともあり、私以外、舞台の進行さん1人しかいない暗闇で、取り憑かれたようにブツブツとセリフを唱えながら出番を待っていた。すると、「え⁉　今⁉」というタイミングでセリが上がっていった。

あまりにも緊張して何も聞こえなくなっている。

こんなに緊張している自分と対面するのは初めてだった。

気づけば脳内は、今まで考えてきた役作りも演技プランも何もなく、ただただ「緊張してテンパってます」状態だった。それでも、時は過ぎて行く。

私はギリギリの状態で新人公演初主演の鳳《おおとり》真由《まゆ》さんとセリフを往来させた。そして、見開き1ページのセリフのターンがやってきた……。

長セリフの1行目を越えたあたりで、私の精神は緊張から来るパニックの頂点を迎えた……そして、頭の中は一辺深い霧に包まれた……。

（ヤバイ……なんだっけ、次………）

頭の中はまさに真っ白な状態だった。

この後、どんなシチュエーションでどんなことを伝えなければいけないか、何もかもわからなくなってしまった。テンパりＭＡＸな私は、なんと……最初の1行目から最後の1行目まで一気にセリフをすっとばした。

長ゼリフの途中、ゆめが演じる紅林に巻物を渡し、読み上げてもらうというやり取りがあった。鳳さんが歌うパートがあった。外で野放しにしている兵士達は、鳳さんが歌うタイミングで私の周りを囲むはずだった。

のにも関わらずそれらすべてをぶっ飛ばし、1人勝手に完結させてしまった。

（あ～…………やっちまった～…………）

やらかした直後の心の中は意外にもラフだった。ラフに、カジュアルに、『人類は衰退しました』の妖精さんみたいな表情の自分が「やっちゃったかあ～」と心の中で言っていた。ド緊張のピークを越えた後は、意外としっかりと落ち着いて周りが見えてくる。

歌うパートを奪われた鳳さんは、一瞬瞳孔が開いたが、その後落ち着いて、歌わずに、歌詞をセリフとして私に投げかけて下さった。

目の前のオーケストラボックスにいる指揮者の先生は、私が諸々すっ飛ばしたせいで今どこのＢＧＭを演奏しているかわからなくなり、「うん？　ううん??」と言いながら楽譜を捲ったり戻したりしている。

外で野放しにしている兵士達は、飢えと寒さに凍え、私を恨みに恨んだ表情で取り囲むはずだったのだが、逆に皆超心配そうな眼差しを私に向けていた。

そして……自分の唯一のセリフの機会を奪われたゆめは、なんとも、なんとも言えない表情でこちらを見ていた。

なんというか、モナリザの絵の左側（顔で言うと右頬側）のような複雑な表情だった。

そんな、ひとりひとりの表情を丁寧に見まわしたのち、私は鳳さんにズバッと切られ、死んだ。そして、再びセリフは下がり、私は舞台上からフェードアウトしていった。

ゆっくりと下がる床。

自分がどの席からも見えなくなった瞬間、突如両目からものすごい量の涙が溢れた。

一体、自分は何人の「見せ場」を奪い、傷つけてしまったのだろう……。

自分自身、今までの稽古の成果を1ミリも発揮できなかった事の悔しさ、そして何より、あの場面にしかなかった唯一のゆめのセリフを根こそぎ奪ってしまった事のものすごい罪悪感が、舞台から降りた瞬間にこみ上げて来て、いてもたってもいられなかった。

終演後、迷惑をかけてしまった方々に平身低頭してひたすら謝った。

特に、同期のゆめには「何発でも良い、殴ってくれ！」と言わんばかりに謝った。

殴られる覚悟で頭を上げると、ゆめはモナリザのようなスマイルで、

「もういいよ。たそ、トマトジュースで乾杯しよう」

と、私に言った……。

私はゆめの優しさに号泣しながら、ゆめと乾杯した。

あれから約10年、トマトジュースを見ると未だに考えてしまう。

あの時のゆめの、怒っているでも、微笑んでいるでもない、モナリザのようなあのなんとも言えない表情の真意を……。

第22場　3・11と宝塚歌劇団

2011年3月11日東日本大震災

宝塚歌劇団花組『愛のプレリュード／Le Paradis !!』宝塚大劇場公演の千秋楽を終え、数日間のお休みを頂いていた当時研究科5年生だった私は、突如テレビから流れてきた速報に度肝を抜かれた。

とてつもなく大きな黒い水のうねりが、町を飲み込んでいく。私がいた地域はほとんど揺れもなかったので、これがたった今起きていることだなんて信じられなかった。

すぐに、家族や友人、そして劇団の方々と互いに連絡を取りあった。花組生として、何年も共に舞台を作っている仲間は家族のような存在。お互いの無事が確認できるまで不安で不安で仕方がなかった。

宮城の実家に帰省中で、なかなか連絡が取れない組子もいた。当時トップスターさんだった真飛聖さんは震災発生時、東京で退団前のディナーショーの真っただ中だった。真飛さんご本人が、落ち着いて係の方の指示に従うように、とお客様に声をかけ、全員無事に避難することができたらしい。しかしその後、そのままショーは中止となった。交通網が麻痺し、家に帰れない組子もいた。

数日後、全員の無事が確認できた時は本当に安堵した。何とか劇団に集合し（宮城出身の組子は、震災により交通がままならない中、たくさんの方の協力のもとになんとか劇団に来ることができたんだと教えてくれた）、お互いの顔を見た瞬間、本当に無事で良かったと抱き合った。

しかし……

このような状況の中、「公演を行って良いのか」という問いに、花組生全員がぶち当たった……。

タカラヅカの舞台は演出に電力をたくさん使う。震災で計画停電が行われている中、「豪華絢爛」な舞台に立って良いのか……。全国で自粛ムードの中、私達はこれから東京へ向かう。それならもう少し落ち着いてからでも良いのではないか。中止すべきではないか。様々な選択肢が脳裏をよぎる……。

私達は来る日も来る日も、どうするべきか「お話し合い」をした。上級生も下級生も、今自分達にできることはなんなのか、お互いに意見をぶつけ合う。不安で胸がいっぱいになり、泣いてしまう子もいた。

でも、「このような時だからこそ、普段通りに宝塚が公演していることで安心する方もいる」ということを当時の理事長がお話しされた時、私達の心は皆、「公演をする」という方向へ足並みが揃った。

そして、公演をするのであれば、終演後に私達で順番にロビーに立ち、被災地、被災者の方への義援金の募金活動をしよう、ということを決めた。

「公演をする」と全員で決心したのは、宝塚のお稽古場で最後の通し稽古をする朝だった。演出家の先生、振付家の先生も涙を流し、私達の決断を後押しして下さった。


そして迎えた東京公演初日。

本番前、当時の組長の夏美ようさんが、「このような状況での公演だから、客席はまばらかもしれないけれど、一生懸命務めよう」と全員に告げた。

どんなことが起きても、どんな状況でも、私達は笑顔で夢をお届けしよう。そう胸に決め挑もうと思うのだが、心臓が聞いたことないくらい激しく高鳴っている……。

客席を見てしまうと、公演することをお客様がどう思っているのか、はっきりと目の当たりにすることになる。覚悟は決めたつもりだったが、深い不安の闇が心の中にあることに気づいた。

幕が上がった。私の出番は少し後だったので、袖から舞台モニターをガン見していた。すると、はち切れんばかりの拍手が鳴り響いた。目の前には、たくさんのお客様の姿が広がっている。

その光景を目にした瞬間、今までの不安な気持ちはすべてどこかへ飛んでいき、深い深い感謝の気持ちで胸がいっぱいになった私は、袖中でひとしきり泣いてしまった。

そして、すべての演目終演後、組長さん、真飛さんが、「今、この時にタカラヅカが、そして花組ができること」について、お客様へご挨拶をされた。お2人の話を聞きながら、客席を見渡す。自分ごとのように私達の話を真剣に受け止めて下さっている姿に、お客様との「家族」のような絆を感じた。

観劇を心の支えに生きている方がいる。

私は、これから生きていくにあたって、その方々の為に身を捧げよう、と心に決めた。

この日を迎えられて本当に良かったと思うことができた。

募金活動ではさらに近い距離でお客様から直接エールを頂いたり、復興を願い、寄付される姿を見て、募金箱を持ちながら涙が止まらなかった。譲り合い、支え合うことの大切さ、素晴らしさを心に刻んだ。

その日から毎日、終演後のご挨拶と募金活動が行われた。私達組子は当番制だが、真飛さんはパレードのお衣裳から黒燕尾服に着替えられて毎日ロビーに立たれていた。

ご自身の卒業公演という、普段よりも更にお忙しい中、誰よりも長くお客様の前に立ち続け、舞台を務められていた姿、そしてその背中を私は一生忘れることはない。

第23場　初めてのセンター歌唱&魅惑の新トップ・蘭寿さん登場

ミセスミッチー〝B〟

少しずつ、お芝居で演じる配役が個人名になってきた頃……次に挑むことになったのは、花組大劇場公演『麗しのサブリナ』と、好評につき再演となった『ＥＸＣＩＴＥＲ!!』。香盤表を確認しに行くと、『ＥＸＣＩＴＥＲ!!』で「ミセスミッチーＢ」という役名がついていた。芝居では個人名を頂けるようになってきたが、ショーではもっぱら「踊る男」集団専門だった私は、何かの間違いなんじゃないか、と思った。なんなら、隣の生徒の配役がうっかりずれちゃったのかな?と、自分の名前の所に指を置き、そこから下へなぞっていく……やっぱり、自分の名前の欄に「ミセスミッチーＢ」がある。何度も何度も確認したがやはり、自分の名前の欄にある。

つうか、「ミッチー」って明らかに私の芸名から取ったっぽいし……

悶々と悩んでいると、同期の月野姫花《つきのひめか》が、

「私、ミセスミッチーＡだから。よろしく」
と声をかけてきた。

姫花とペ、ペア⁉　あの、同期一美し可愛い姫花とデュ、デュオ⁉

てか、姫花がＡで、私がＢ？　なんだ？　ＡとＢって……血液型？

一体何が起きたのかわからず悶々としている所に、助手の先生がやってきて、「天真さんの分です」と、譜面と衣裳デザインの入った封筒を渡された。

基本、プロローグやパレードなど、全員で歌う場合や、複数名のコーラスなどの譜面は稽古場の机に置いてあり、自分で取りにいく事になっている。なので、助手の先生から直接封筒を頂くということは……

ソロ歌唱がある！！？？

ほぼほぼコーラスでしか歌ったことのなかった私は、ショーの初めてのソロの予感に、「マジか！」という喜びの舞と、「いやいやないない」という、予想が外れた時の為の心の準備とでガクブルし、震える手で封筒を開け、中の譜面とデザイン画を取り出した。

すると……まず目に飛び込んで来たのは、「トロピカル☆エメラルド☆超巨大ムームー姿の自分」が描かれた衣裳デザイン画だった。

それを見て一瞬で悟った。というのも『ＥＸＣＩＴＥＲ!!』には、有名なチェンジ

ＢＯＸというマシーンが出てきて、冴えない人が入ると、イケメンに変身できるという場面がある。ああ、ミセスミッチーＢのビーは血液型ではなく、「ビフォー」のＢなんだ……と（どんな場面かご存知ない方は是非２０１０年の花組『ＥＸＣＩＴＥＲ!!』を見て頂きたい）。

この瞬間、自分の中で「ミセスミッチーＢ」の方向性がはっきりと見えた。

その後歌稽古になり、その場面で歌っている出演者が上級生順に前から順番に並ぶ中、ソロパートがある者は最前列に並ばなければいけないので、上級生の方の前に立って歌稽古を受けることになった。姫花も一緒なら心強かったのだが、姫花は私の「アフター」の姿という、いわゆる「概念」なので、歌唱は私が担当する。

私はたった1人、壮一《そうかず》帆《ほ》さんや愛音《あいね》羽麗《はれい》さんが座っていらっしゃるのと同じ長椅子に座ることになった。生まれて初めてスターさん方とお席を共にし（言い方）、緊張で心臓が口から出そうになっている私に、トップスターの真飛さんが、

「おお！　何!?　たそ、シンガーじゃん」

と明るくお声掛けして下さった。

すると壮さん、愛音さんも「すごいやん！　スターやん！（笑）」と面白明るく囃し立てて下さった。

スターさん方の優しいお心使いに泣きそうになりながら、私は精一杯気持ちを込めて歌った。唯一の歌詞である「アロハオエー♪」と（どんな場面か知らない方は以下略）。「ミセスミッチーB」は最初、スタンドマイクをセンターに置いて歌う。この、「センターに置く」という行為そのものが生まれて初めてだった。

センター。

それはトップスターさんだけが立つことが許された場所、という認識でいたので、自分なんぞがセンターに立っていいものか、本当に不安だった。不安でしかなかった。

だが、振付の時もスターさん方は「ドセンターじゃん！ すごいじゃん！」と暖かい言葉をかけて下さった。

スターさん方は、下級生がのびのびと演じられる環境をいつも作って下さる。

「緊張して遠慮がちに立つのではなく、堂々と怪しく立ちはだかろう」

と、私は覚悟を決めた。この瞬間、自分の中で、「ミセスミッチーB」の詳細な演技プランが見定まった。

本番、デザイン画の5倍はあろうハイパー大きなムームーを着こなす為に、中に胴布団と呼ばれる、身体を大きく見せる為の綿入りベストみたいなやつを着こみ（これだけだとぱっと見マシュマロマンみたいだった）トロピカルなアクセサリーに身を包み、「これが、私の為だけに作られた衣裳なんだ……」と、スリスリスリスリと衣裳をさすり（ここまで着るとぱっと見マツコ・デラックスみたいだった）、日々「ミセスミッチーB」を演じた。「ミセス」として男役が女性役を演じる際は、より男前に、より大きなスケールで、より豪快に。いつもより更にがに股を心がけ、センターで「怪しいオーラを放つ大きい（物理）存在」でいられるように努めた。

するとこの公演で、これまでとは比べものにならないくらい、沢山の方に自分の存在を認知してもらえるようになった。

今までは、自分の出演場面を人に説明する時、「○○さんが歌っている時の後ろから2列目の向かって右から3番目にいるよ」という細かい説明を事前にして、それでも一瞬の出来事で見逃してしまって「どこにいたのかわからなかった」と言われる始末だったのだが、今回は、

「センターでエメラルドグリーンのムームー着てアロハオエーって歌ってるよ」

と言えば一目瞭然で、しかも絶対に見逃されることはない。

ショーの演目で、こんなに自分の存在を覚えてもらえたのは初めてだった。新たな手ごたえを感じ、少しだけ前に進んだ気がした。

そんなある日の終演後、廊下を歩いていると、月組の龍《りゅう》真《ま》咲《さき》さんに

「あなた、名前なんていうの？」

と、突然呼び止められた。

別の組のスターさんに話しかけられたのはほぼ初めてで、突然目の前に現れたキラキラと眩しい存在に目がくらみ、「あ……あ……て……てんまです」と、パニックでカオナシになりかけながらなんとか答えた。すると、龍さんは、

「天真ね、あなためっちゃ良いね」

と告げて颯爽と歩いて行った。その時の喜びたるや……。残された私は1人、『おもひでぽろぽろ』のタエ子のように、エア階段を登って行ったのであった。

真飛さんの卒業

心の底から尊敬するトップスターさんである真飛聖さんとご一緒の舞台に立てていたのも束の間……花組大劇場公演『愛のプレリュード／Le Paradis !!』にてご卒業されることになった。

ご卒業作品の『愛のプレリュード』の公演中に東日本大震災に遭い、不安な状況の中、先頭に立ち私達を引っ張って下さったのは前回書いたとおりである。あの時のご恩はこの

先もずっと忘れない。

のだが、それと同じくらい鮮明に覚えているのが、サヨナラショーの舞台稽古だ。当初、稽古場でのお稽古中は、サヨナラショーのラストの真飛さんは『ＥＸＣＩＴＥＲ!!』のバッキバキにカッコいい衣裳で大階段に現れ、下にいる私達が振り返って迎える、という演出だった。

だが、舞台稽古の日、私達が振り返ると、そこにはピンク色のスーツに身を包み、ぱっつん前髪、眼鏡姿の冴えない「Ｍｒ・ＹＵ」がそこにいた。

通し稽古にも関わらず、組子全員が「えええー！　なんでー!!」と大笑い。

真飛さんは組子達の顔を見て、「驚いたー!?　びっくりしたでしょー！」といたずらっ子のように笑っていた。

最後の最後までユーモアとサプライズを忘れず、組子みんなを笑顔にしてくれたこの時のことも私はずっと忘れない。

再びファントム～蘭寿さんとの出会い～

真飛さんのご卒業の後、研究科6年生になった私は次なる作品の集合日を迎えた。

作品は『ファントム』。

『ファントム』は、私が初めて花組に配属された時、春野寿美礼さんが主役で公演された作品だ。まさかこんな短いスパンで、大切な作品にもう一度関わることができるなんて思ってもみなかったので、とても嬉しかった。

主演は次期トップスターに就任された蘭寿《らんじゅ》とむさん。自身にとって4人目のトップスターさんになる。

蘭寿さんは、最初の配属は花組、その後宙組へ組替えし、この度再び花組へ帰ってこられた。なので、私達の1期上さんまではかつて花組で一緒に過ごされていたのだが、私達92期以降は「初めまして」という状況だった。

6年生にもなると、上級生とも下級生とも大分長い付き合いになってくるので、関わったことのない人の方が少なくなってくる。ここにきての「初めまして」に、こう見えて人見知りな私は、「うまく関わることができるだろうか……」と、不安な気持ちでいた。とても不安だったので、その日から若干ストーカー気味に蘭寿さんを見つめることにした。

蘭寿さんのお稽古場入りはとても早い。

稽古が始まるかなり前の時間からウォーミングアップをしっかりと丁寧に行い、稽古に励む。そして、自主稽古もいつもとても長い時間されている。

『ファントム』の二幕の振付がついた時などは、曲をエンドレスリピートで振りの確認をされていて、後ろの方で一緒に踊って確認していたのだが、私のスタミナがなさ過ぎてリタイアしてしまった後もずっと踊っていた。

蘭寿さんは、究極に鍛え上げられた最強の、魅惑の腰を持つスーパーダンサースターさんだった。蘭寿さんのダンスは、動きすべてがスマート且つダイナミックで、身体の軸が全くブレないので、一歩一歩ステップを踏む位置がすべて正しく、全く無駄がない。動きすべてに、「スパッ」とか「シュッ」とか空気を切る音が聞こえる。

そんで、腰。魅惑の腰。すべてのダンスが身体の要である腰から動くので、本当に格好良い。兎に角、格好良い。何が言いたいのかっていうと本気で格好良い。

稽古場でダンスを一目見た時から、その格好良さに心を射抜かれてしまった。

日々の鍛錬があの究極の格好良さを生み出している。私は、「関われるだろうか……」ではなく自分から積極的に関わって行くことを心に決めた。

そんな最中、とある稽古終了後に、就任されたばかりであまり関わった事のない下級生の為に顔合わせも兼ねた打ち上げが催された。

これ幸いと、蘭寿さんに自己アピールをしに行く下級生。私も、先を越されてたまるかと、話しかけるチャンスを伺っていたのだが、「打ち上げ」と称されるものに「余興」は不可欠で、そっちの要員としても自ら名乗り出てしまっていた為、なかなかお話しする機会を作ることが出来なかった。

逸る気持ちを他所に、時間は刻一刻と過ぎ、中締めとなってしまった。皆が帰り支度をしていく中、ここで話しかけなかったら終わる、と、半ば強引に蘭寿さんに話しかけに行った。

「あのっ!!」

話しかけたは良いが、具体的に何を聞こうか、内容を全く考えていなかった私は、呼び止めるだけ呼び止めて呆然と立ち尽くしてしまった。そして、考えるだけ考えて、謎に、

「私ってどう思いますか？」

と、答えづらい質問ナンバー1のようなぼやっとした問いを投げかけてしまった。

（なに言ってんだろオワタ……）と心の中で思っていると、蘭寿さんは一言、

「貴方は頑張っていない」

と、心に刺さる返事をされた。

それを聞き、ショックなのか、自分でもそう思っていて苦しいのかわからない、フラフラな状態で立ち尽くしていると、蘭寿さんは続けて、

「今よりももっともっと変われる。上に登れる。貴方はもっと頑張れる」

と告げた。

「頑張ります。私、絶対に頑張ります。宜しくお願い致します」

と、半泣きで蘭寿さんに精一杯それだけ答えた。

すると、それを聞いた蘭寿さんはにっこりと頷き、

「貴方がもっと頑張ったら……私は貴方を抱きしめる」

と告げ、その場を去って行った。


なん……だと……？

抱きしめて下さる……？　蘭寿さんが？

これは…………頑張るしかない。頑張る以外に道は…………ない！！！

その日から私はそれだけを胸に、ひたすらに頑張ることを誓うのであった。

第24場　「格好良い」と「イロモノ」の間～関西弁の壁～

脇役のトップスター

少しずついろんな「情報量の多いおじさん」を演じる機会が増えてきた頃、私の心の片隅で少しだけ引っかかっていた事があった。それは、この学年の段階で、おじさんを目指すべきなのか?ということだった。

私だって、夢見る受験生時代は、匆の論トップスターを目指していた。初めてタカラヅカを見た時の初恋のようなドキドキ、心の底から惚れ惚れする格好良さ、美しさ……自分もその世界で表現したい!と、おばあちゃんに勧められながらも自分がトップスターになって沢山の人を魅了する姿を夢見ていたのは間違いない。

だが、自分が惚れ惚れしていた「格好良さ」を、自分で表現していくことは容易いことではなかった。

最初に「何かが違う」と感じたのは宝塚音楽学校での演劇の授業中だった。演劇の授業では、宝塚の至宝である柴田《しばた》侑宏《ゆきひろ》先生、星組元トップスターの紫苑《しおん》ゆうさんなど、総勢5名の先生方から、演劇論やエチュードなど、様々な演劇メソッドを教えて頂いていた。

ある日のシメさん先生（紫苑さん）の授業で、男役全員で『我が愛は山の彼方に』の朴《ボク》秀民《シュウミン》（高麗の武将）とチャムガ（女真の武将）の掛け合いを演じることになり、その際に、なんとシメさん先生が自ら秀民を演じて下さることになった。

まさか、トップスターさんのお芝居をこんなに間近で見ることができるとは……と、ドキドキワクワクしながら見学させてもらった。

「じゃあ、はじめるねー」と先生が明るく言った直後、空気が一気に変わった。

お稽古場の空気がすべて、先生のものになった。まだ一言もセリフを喋っていないのに、先生のオーラが見ているこちら側までビリビリと伝わってきて、身動きも取れなかった。セリフの一言一言がしっかりと胸に届き、誰がどこで見ても、何ならウトウトしながら見たとしても、先生の演じる秀民の心情が手に取るようにわかる。

これが、「トップスター」さんの、「主役」の芝居なのか……と私は感動に震えた。このお芝居を見られただけでも、音楽学校に入れて良かった。生まれてきて良かったと思った。それと同時に、

「……これは……私にはできる気がしない……」

と、ガッカリするでも落ち込むでもなく、淡々とそう思ってしまった。

別の日、宝塚の演出家であった太田哲則《おおたてつのり》先生の授業で『生きている小平次《こへいじ》』という戯曲を演じることになった。

『生きている小平次』は、殺したはずの小平次が何度も何度も目の前に現れるという話で、太田先生には、セリフの行間「……」に沢山の意味が込められているので、深く読み取る事を大切にしなさいと教わった。

死んだはずの小平次を前に、小平次を殺した太九郎はどのような面持ちで会話を続けるのか。どれくらいの不気味さを腹に抱えながらポーカーフェイスを気取って話すのか、はたまた全部顔に出すのか……2人の心情に興味が湧いて、夢中で行間の感情を書き連ねていった。先生の行間の感情も知りたくなって、授業の後に質問に行った。

先生の解釈を聞き、人間の様々な感情について沢山お話しさせて頂いた。

すると、先生は最後に、

「このようなことを聞きに来る生徒は珍しい。貴方は入団したら、いずれ自分の表現の方向性と劇団の求める方向性の違いに悩む日が来るだろう……」

と私に告げた。

この、先生の「予言」は、まんまと的中した。

入団してからずっと、「演じてみたい役」と「最初に目指すべき方向」の違いに戸惑っていた。

非の打ち所のない二枚目を研究していくよりも、クセのあるおじさんの方がすぐに目に浮かぶし想像できるし掘り下げてみたい気持ちが強くあった。自分に与えられる役に「おじさん」が増えてきている今、自分から、「こういう役が得意です」とアピールするのも良いのではないか……。でも、この段階で面舵一杯振り切らなくても良いのかもしれない……答えの出ない日が何日も続いた。

そんなある日、劇団の上層部の方と話す機会があり、今後の自分について今抱えている思いを伝えた。

すると、当時の常務理事が、

「あなたには、脇役のトップスターになってほしい」

と、私に仰った。

そうか……脇役のトップスターか……。

あの日猛烈に憧れた存在と、今自分が表現できる精一杯の存在。自分の中でパズルのピースがしっかりとはまった。

その日から私は脇役のトップスターとなるべく、前へ進むことを決意したのであった。

関西弁の壁

「私は脇役のトップスターになるんだ！」と、高らかに宣言したのも束の間、『ファントム』の公演を終え、『近松・恋の道行』という作品の集合日を迎えた。

作・演出は宝塚初の女性演出家である植《うえ》田《だ》景《けい》子《こ》先生。自身はこの作品が初めましてだったが、先生の作品は大好きでほぼほぼ観ていた。

先生は、この『近松・恋の道行』が初の日本物（和物）作品ということで、集合日にお着物でいらっしゃった。お着物をはじめ帯や帯締め、小物、すべてに大好きな猫ちゃんがあしらわれた素敵なデザインで、一朝一夕ではない先生の気合いを感じた。

今回の『近松・恋の道行』は、近松門左衛門の『生玉心中』『曽根崎心中』をベースに描かれているので、全編に渡りセリフが「関西弁」だった。

私は、生まれは福岡だが（福岡の病院で生まれただけ）育ちは神奈川県なので、関西弁はネイティブではない。一応、宝塚に来て7年くらいは経っていたので、その間関西弁留学していたことになるはずだが、耳は慣れても、流暢に喋れはしなかった。

今回、所作や方言の指導の先生に入っていただいていたので、一度自分のセリフを喋ってもらい、それを録音して聞き、その通りに話す日々。

自分でネイティブな関西弁が生み出せないので、アドリブで全く話せない。故にちょっとしたガヤ芝居でもなんの言葉も出てこない。

うっかりセリフを忘れようもんなら、ダンマリを決め込むほかに道はない。故に絶対に忘れてはいけない。自分の言語野で話せないことのもどかしさを日々感じ、関西弁の喋れなさにイライラが増していった。

そんな中、関西出身の同期はというと、「とうとう我らの時代が来た」とばかりに、関東出身の同期のイントネーションにアホ程口を出してくる。

「今の全然ちゃうで（笑）」「なーんか違うねんなぁ」「言わへん、なんて言わへん！（……言ってるじゃん）」と、こっちが下手に出てるのを良いことに、いちいちいちいち口を出してくる。しかもなぜかものすごく上から目線で。最後には、「これまでの関西人の苦労がわかったか！」「我々が受けた苦しみを知れ！」と、謝れと言わんばかりに恨みつらみを吐き出された。

……ほんと、ひとこと言わせてほしい。

我々関東出身勢は、関西出身の方々のイントネーションが間違っていても、ここまで上から目線で訂正はしておりません……再び標準語の作品の稽古になった時、覚えてろよ。

　こうやって人と人は争いを引き起こしてしまうのか……と突飛な方向に感傷的になるほど、関西弁習得の道は困難だった。

　それでもなんとか耳で覚え、関西弁に少しずつ違和感がなくなってきたある日の稽古時、町の住人達が掛け合う場面があり、自身は町の商人を演じることになった。

　そして、その商人は、誰もが一度は聞いたことがある、

「どないや、儲かってまっか？」

というセリフを話すことになった。

　これは……！

　私はザ・スタンダードなこのセリフを絶対にモノにしたい、と、心から強く思った。

　しかし、「どないや、儲かってまっか？」の壁は、他のすべてのセリフよりも分厚く高かった。恥を承知で同期に聞いても、「なんて言ったら良いんだろうなあ……」と決定的なことを教えてくれない。つらみ。

　何をどう言い換えても先生は「フーッ」とため息をつき、頬杖をついてダメ出しを書いていく。

　芝居中にダメ出しを書き連ねるペンの音を聞きながら「……あ、今日もダメだったか」

と、悔しい気持ちで一杯になっていく。

哀しみに暮れていると、先生はその日のダメ出しで、

「たそちゃんの関西弁、もっとしっくりくると思うのよ。まだ偽物っぽいの。うーん、関西人の商人かあ……あ、そうだ、紅《くれない》さんにでも聞いてきて御覧なさい」

と、突然仰った。

（え……）

確かに、星組の紅ゆずるさんは関西人で、ショーのアドリブでも関西弁で話されていたり、めちゃめちゃお上手だと思う。でも私、話しかけた事すらない……。

しかし、もはや残された道はこれしかない。

私は、背に腹は替えられぬと、ロッカーの出入口で稽古終わりの紅さんに突撃した。

「紅さん、お忙しいところ失礼します。あ……あの、私、花組の天真みちるというものですが、現在植田先生の『近松・恋の道行』という作品のお稽古中なのですが、先生より私の関西弁が下手なので一度紅さんにお手本を見せてもらいなさい、と仰っていただいたのでお声掛けさせていただきました。あの、大変お忙しい時に大変申し訳ないのですが、『どないや、もうかってまっかー』って言って貰えますでしょうか」

と、パニくりにパニくりながら、ほぼ句読点を付けずに早口でまくし立てた。

不審of不審。今、この建物の中に自分ほど不審な人いないだろうな……こんな私に答えてくれるだろうか……と半泣き状態でいると、

紅さんは「そんなん全然ええよ」と二つ返事で答えて下さった。そして、

「ちゃんと聞いときや〜。どないや、儲かってまっか〜?」

と、本物の、ほんまもんの「どないや、儲かってまっか?」を聞かせてくれた。

「(……ほっほんものだあああああ)ありがとうございます!!!」

聞いた耳からそのイントネーションがこぼれないように耳を抑えて、私はその場から立ち去った。そして、紅さんのイントネーションの発音に細かく音階をつけて、身体と顎と喉に焼き付けるように反芻した(さながら、吉本新喜劇の「ゆるしてやったらどうや〜」みたいな作業だと思った)。

次の日……

稽古場で、身体に沁み込ませた紅さん直伝の「どないや、儲かってまっか〜?」をお届けした。

すると先生は口角を少しだけ上げ、ダメ出しは書かなかった。

私はしっかりとした手ごたえを感じ、心の中でガッツポーズを決めたのであった。

第25場　「巨匠」との出会い：破

ふたたびの試練

２００６年の初舞台以降、２作品後の２００７年、そして直後の２００８年。自分の表現について的確なアドバイスを頂いた２００９年。『太王四神記』という作品で再び巨匠と巡り合った私は、更に多くの課題に直面し、ヒイヒイ言っていた。

１つ核心に近づけた、と思うと、次の段階へ。時間をかけまた核心へ近づいたと思えば、次へ。一生追いつくことのない鬼ごっこをしているようだった。結局、この時は自分がどんな存在になるべきかはっきり見つけられないまま終わった。

しかし、それから少しずつ「変なおじさん」の役を頂くようになり、宴会や打ち上げなどで指名されなくても勝手に余興を率先してやって行く中で、とうとう「タンバリン芸」という自分の持ちネタも手に入れ、花組の組子の中で、お笑い特攻部隊として認知されるようになっていった。

研究科7年目、新人公演最後の学年になり、自分自身が、組にとってどんな存在でいるべきか、なんとなく自覚して来た頃……『太王四神記』から4年、『オーシャンズ11』という作品でまたも巨匠の作品に巡り合う。

宝塚版『オーシャンズ11』では、中国雑技団が出てきて、一芸を披露する場面がある。集合日に先駆けて、その「一芸」のオーディションが開催された。

私はここで、出会った頃の、右も左もわからずおどおどしていた頃とは違う、年月を経て「陽キャ」になった私の一芸で笑って下さいよ!と、成長した自分を見てもらえるように、そして、新人公演の最年長として、下級生を引っ張っていけるように、先頭を切って「これが私の一芸です!!」と言わんばかりにタンバリン芸を披露した。

力有り余ってタンバリンのシャンシャンしているところ（リンの部分？）を吹っ飛ばしていることにも気づかず、私は渾身のパフォーマンスを披露した。

下級生達は、オーディションの最中にも関わらず、笑って盛り上げてくれた。パフォーマンスを終え、我ながら面白かったのでは……?と感想を伺うと、巨匠は、

「そこ（右奥）と、そこ（左奥）に破片（タンバリンのリンの部分）が飛んで行ったので拾って下さい」

と、ただただ冷徹に言い放った。

さながら、エヴァンゲリオン（新世紀でも新劇場版でも可）の碇ゲンドウのようだった。

再び、オーディション会場然とした空間に戻り、緊張に包まれる中私は1人リンを拾い集めた。この時の胸いっぱいに広がった虚しさたるや……。


このことで、自分は巨匠の提示する核心へ一切近づけていない事を痛感し、一気に自信喪失した。

傷が癒えぬうちに迎えた集合日……。


私は、大男のチンピラ「ブルーザー」という役を演じることになった。

オーディションで巨匠の心を掴めなかった私は、その後の稽古でもダメ出しの嵐だった。

巨匠からは、

「貴方は今稽古場で皆さんに笑われていますが、それは組子の皆さんが貴方の人となりをわかっているからです。もっと、初めて見た人を爆笑させないと！　内輪ウケにとどまってはいけない」


と言われた。その言葉は私の胸に深く突き刺さった。

7年もご一緒していると、どんなキャラでどんなネタをすれば組子の方々が笑うか、手にとるようにわかる。組子の方々も、私のネタを人柄を汲んで笑って下さる。そんな甘い関係での爆笑は爆笑でもなんでもない。

　その日から、初見でも爆笑をかっさらう為の特訓がはじまった。

　特に自分が一番表現できなかったのが、望《のぞ》海《み》風《ふう》斗《と》さん演じるベネディクトが、蘭寿とむさん演じる主人公・ダニー・オーシャンの事を

「（彼は）スーパーマンか？」

と、まさかそんなわけないよなぁ？のテンションで聞いてきた際に、

「かもしれねえ」

と答えるシーンだった。

　私はどうしてもこの返しを、「みんな、ここ、笑うところだよー！」と、大げさに、ドヤァ感満載で

「かもしれねえ（ドヤ！）」

と答えてしまう。

　そのたび、巨匠は、違う！　そうじゃない！と何度もストップし、そのたび私は、

「かもしれねえ↑？」

「かもしれねえ↓？」

と手探りでイントネーションを変えるも、返ってくる言葉は「違う!!」だった。

だんだん私は「かもしれねえノイローゼ」になっていった。

どうすれば良いんや……。正しい「かもしれねえ」はどこにあるんや……？

稽古終了後、稽古場の隅で取り憑かれたように「かもしれねえ」を唱えていた時、見かねた上級生の方々が、かわるがわる話しかけてきて下さった。

そして、私の何通りもの「かもしれねえ」を聞き分け、「多分、巨匠が求めているであろう『かもしれねえ』」のイントネーションを教えて下さった。

そのイントネーションは、私の思考回路では決して辿りつく事ができないものだった。

沢山の方々の導きのお陰で辿り着いた真の「かもしれねえ」に、私は音階を付けた。そう、「ゆるしてやったらどうや～」第2案件である。

次の日の稽古、迫りくる「かもしれねえ」のタイミング。

緊張で心臓が飛び出そうな気持ちをなんとか抑え、なんとか辿り着いた渾身の「かもしれねえ」を、力まずにスッと解き放った。

その日から、そのタイミングで稽古がストップすることはなくなった。私は心の中で強くガッツポーズした。

オワタ……


ブルーザーを演じるにあたり、次に悩んだのは「髪型」だった。

出会い頭に「コイツはヤベえ……！！」と思わせるインパクトが欲しい。

でも……私の顔は、どうしたって、可愛い。

いや……ナルシストとかそういう意味ではなく、こう、文字通りファニーフェイスというか、カービィというか……つまり、強面ではない。真反対の顔。

なので、せめて髪型から輩《やから》になろうと思い、どんなもんが良いか周りに相談した。

その結果、

「ツーブロックにして、センターの髪をスプレーでガッチガチに固めればモヒカンになるのではないか」

という答えに辿りついた。

次の日がパンフレット写真の撮影日だったので、稽古終わりに巨匠に「地毛でモヒカンにするのはどうか」と相談しに行った。

すると巨匠は、ご自前のバランスボールで背筋を伸ばし、さながらぐでたまのような状態で、ぐでたまのように「いいんじゃなーい？」と答えた。

巨匠からのＧＯも出たので、私は公演のカツラも手掛けている美容院へ行き、

「ヨコをかなり刈り上げちゃって下さい！」

と今までにない注文をした。

どんな役か理解している美容師さんは、

「覚悟は良いね……？　行くよ、行っちゃうよ、そーれ!!」

と、バリカンでサイドをゾリゾリと刈り上げていった。そしてセンターをブリーチというよりは、ただ単に「脱色」した輩な金髪に仕上げてくれた。

これは……どこからどう見ても完全に「コイツはヤベえ……！！！」の典型だった。人は髪型で印象が決まるんだなあと、深く感じた瞬間だった。

そんな、輩ヘアーで過ごしていたある日……。

買い物を済ませ、１人帰路につく私に、

「ちょっと、そこの人」

と、突然背後から呼び止める声がした。振り向くと、自転車を手で押した警察官３名が
……もう一度言う。警察官３名が立っていた。

そして彼らは、私に、

「今ねー、安全週間でパトロール強化してるんだけど、君普段何しているの？　てか、君、その両手で抱えているものは何？」

と、一見朗らかに、なのに高圧的で反抗する余地を与えないような声で聞いてきた。

人生初の、警察官のお声掛け案件だった。

私が両手に抱えていたもの……それは、その頃ハマっていた「キャベツ1玉」だった。

単純に重たいから両手で抱えていたのだが、端から見れば、脱色ブリーチで何かずっしりとした物が入ったビニール袋を両手で抱えて歩くヤツなんて、怪しい人物そのもの。

ダメだ。捕まるんだ。

明日から公演に出られない。組長さんになんて言おう……。そもそも電話させてもらえるんだろうか……。パニくった私は、なぜか捕まる方向へ一直線に思考を巡らせていた。

「私の人生、ここまでか……」

すべてを諦めたような気持ちになった私は、

「あ………キャ……キャ…………ベツです……」

と『千と千尋の神隠し』のカオナシのような声量でなんとか答えた。

それを聞いたお巡りさんは、

「あれ!? あー、あなた女性か！ ごめんなさい！ 大丈夫ですー」

と、フワッと謝った後、その場を去って行った。

その場に取り残された私は、明日からも公演に出られるという安堵と、

「え、何……男性だったら何だったの……？ 何なの……？」

という、答えの見つからない謎に包まれ、暫く呆然と立ち尽くしたのであった……。

第26場　おじさん役者に与えられた試練〜絶世の美女〜

おじさん役者に与えられた試練

これは、新人公演を卒業し、落語家でいうところの「二ツ目」くらいの立場の頃。おじさん役者として、自分の身の振り方を大分理解してきた……と、少し「慣れ」が生まれてきた私に突如立ちはだかった壮大な試練の物語である……。

作品の名は『ノクターン』。作・演出は、驚くほど達筆な原田《はらだ》諒《りょう》先生。主演は、小劇場初主演の柚《ゆず》香《か》光《れい》ちゃん（現・花組トップスター）。私はその作品で、ヒロインの華耀《かよう》きらりさん演じるジナイーダの取り巻き軍団の1人である、髭もじゃの変態医者・ルージンという役を演じることになった。

取り巻き軍団は私を含め5名。当時、私達は自分達のことを「グッドルッキングガイ」と呼んでいた（あくまでネタで）。グッドルッキングガイの中で最年長だった私は、自分が引っ張っていかなくては、と、いつもよりもさらに気合が入っていた。

しかし、稽古中は、原田先生の繊細且つ大胆な演出に自分達の表現力が追いつかず、互いにディスカッションを重ねて、何度も自主稽古して臨んでも、先生の求める人物像に近づけない……というもどかしい日々を過ごすこととなった。

1日、1日と稽古を重ねるうち、1人、また1人と、自分の未熟さに悔し涙を流すグッドルッキングガイ達……。

しかし、私はティアドロップは見せず、むしろ最年長として自分がこの状況を打破せねば……！と、躍起になっていた。

なんとか方向性も定まり、先生にもダメ出しされなくなってきたある日の舞台稽古……試練は、突如目の前に突きつけられた。

二幕冒頭、ある夜ジナイーダを囲む会で余興を披露することになり、私が演じる変態医者のルージンと和海《かずみ》しょうちゃん演じるマレイフスキーが、劇中劇で『アントニーとクレオパトラ』を演じる、という場面での事。

私は、余興でふざけてクレオパトラを演じなければならず、顔にべったべったと乱雑にクレオパトラ化粧を施す酔っぱらいの変なおじさん、という状況を生み出す為、普段の舞台化粧の上に歌舞伎用おしろいを塗りたくり、クレオパトラ特有のブルーのアイラインを引き、その上から眼鏡をかける、という「これで笑わなかったら誰が笑うの？」的コンボを顔面に施した。その顔を扇で覆い、スポットライトが当たったタイミングで御開帳する。これまで、数多の変なおじさんを演じてきたが、今回は未知の領域だった。

でも、少しずつ自分の立ち位置に「慣れ」が生じていた私は、きっと先生は笑ってくれるだろうと期待に胸を震わせ、扇を開いた。

しかし……先生は、クスリともせず、

「たそ、あなたは今誰を演じているの？」

と問うた。私は、

「……クレオ…パトラです」

と答えた。すると先生は
「クレオパトラはどんな人物なの？」

と問うた。私は少し考えて、

「絶世の……美女です（？）」

と答えた。それを聞いた先生は語気強めにこう仰った。

「そうだよね！　絶世の美女だよね！　でもたそ！　扇の使い方がまるでなってない！それじゃあクレオパトラには見えない！　ちっとも娘役じゃないよ!!　今まで何やってき

たの!」

それは、晴天の霹靂だった。

今まで……入団から約8年……ひたすら男役として邁進してきた私は、「娘役じゃない!」と言われ、「いや……でも、私男役ですし、おすし」と心の中で思ってしまった。

だがここで、先生と私の中で「クレオパトラを余興で演じる」というイメージに相違があったことに気づいた。私は、酒に酔ったおじさんが、ふざけながら見よう見まねでぎこちなく扇を扱うと思っていたが、先生は、余興として完璧にクレオパトラとして立ち振る舞うと考えていたのだ。なおも本気の余興を求める先生は、

「もっと、シェイクスピア作品を勉強して。ハムレットとか、わかる?」

と問うてきた。だが、先の質問に気を取られていた私は、「あ……はい」と、気のない返事をしてしまった。すると、先生は、

「『To Be, or Not to Be』だよ! たぞ!!!!」

と語気を強めて言い放った。まさに、今、私は生きるべきか死ぬべきか……それが問題だった。

先生のダメ出しは続く。

「今の化粧だと、アイラインが眼鏡のフレームに隠れて見えないからもっと太く書かな

きゃ、いわゆる隈取のような、わかる?」

私は急いで楽屋に戻り、隈取の画像を調べ、下ろしたてのアイライナーが干上がるまで大胆に、顔にラインを引いていった。

ほぼ隈取化粧の状態で再度臨む。

しかし、先生は、

「もっとエジプト然としないと! それは隈取だよ!!」

と言い放つ。心の中で、「そうだよ、これが御所望の隈取だよ……」と思ってしまった。

周りの上級生の方も下級生も、正解はどこにあるんだ?と、様々な化粧品を貸してくれたり、アドバイスを下さったが、その後、どんなに直しても「これだ!」というクレオパトラ化粧は編み出せなかった。

追い詰められた私は、資料として集めた様々なクレオパトラの写真を手に、一体どのクレオパトラを参考にすれば良いか聞きに行った。すると先生は、

「全部違う!」

と仰った。じゃあ、私は何を参考にすればいいのか……

本番を前日に控え、準備ゼロの状況に陥った私は呆然と立ち尽くし、眼からティアがドロップしかけた……。

すると先生は、「これ！　これを参考にして！」と画像を見せて下さった。
そこに映っていたのは………ツタンカーメンだった。

「いや、ツタンカーメン！！！！！！！！」

心の中で、こんなにもどでかいツッコミを入れたのは、後にも先にもこれが最初で最後だった。その後、様々な方の助言や尽力により、ツタンカーメン独特のアイラインを、「フェルトを貼る」という方法で表現する事になり、その姿で現れた私に、先生は、「そう！　それだよ！」と仰った。

この時の、新たな引き出しを生んで下さった先生と、まるで自分ごとのように尽力して下さった周りの方々への深い感謝の気持ちを決して忘れないように、青いフェルトは今でも私の家の箪笥の中に眠っている。

第27場　奇跡のスマスマ出演、そして蘭寿さんの卒業

私と余興～タンバリン芸との出会い～

これまで、ちょいちょい「宴会」だの、「余興」だのという単語を出してきたが、ここで、私の余興遍歴についてガッツリ且つざっと書いていこうと思う。

タカラヅカにおける宴会は、各組で様々だと思うが、当時の花組では、公演期間中に1回開催されていた。幹事は新人公演を卒業した期、もしくは立候補。余興の出演は近年余興を披露していない期、もしくは立候補、といった次第。

基本的には順番が回ってこない限り、そないに余興に出る必要はない。だが、私は研究科3年生の頃からほぼすべての宴会で余興を披露していた。

なぜなら……「宴会」が苦手だったからだ。

「は？」と思った方もおられるだろう。

だが、宴会のあの、大人数の中で、誰かしらと最初こそワイキャイと話していたはずな

のに、小一時間経つと話題がなくなり明日の天気とかしか話すことがなくなって、しまいには互いにスマホを見る……みたいな状況になるのが、この世で一番恐ろしいことだと思っていた。

素の自分は、人と話している時の沈黙に耐えられない人種なので、何者かになり切り、場を盛り上げたり、幹事として場を仕切っている方がすこぶるメンタル的に健やかなのだ。

そういったいきさつで、かれこれ余興は毎公演、幹事は2公演に1回は立候補していた。お呼びでなくても勝手にいつも余興に出ていた。

自分の卒業公演も、「忙しいだろうから」とお気遣いいただいたのに、勝手に余興に出た。とんだお祭り男（役）だった。

そのうち、天真＝余興という立派な（？）方程式が定着した。

それからというもの、余興をやるフィールドは公演の打ち上げだけでなく、東京公演中の13時半／18時半の2回公演の間休憩時間に、「ワクワク大休憩」という特別枠を作るまでになった。ここは新ネタ披露や、新人を発掘し、ウケが良かったら次の宴会のメインにするという、プレお披露目の場になった。

披露の場所が増えた私は常に新ネタを探していた。そんな私に、上級生の方や下級生が沢山のネタ提供及び、ネタのリクエストをしてくれた。

その中に芸人・ゴンゾーさんの「タンバリン芸」があった。

見てみると、ゴンゾーさんの、表情は微動だにせず、タンバリンを打ち付ける瞬間にのみ発せられる熱に一瞬で引き込まれた。

これを男役として格好良く叩き鳴らせないか……？

この日から、ゴンゾーさんのタンバリン芸の研究が始まった（ちなみに、卒業後ゴンゾーさんご本人にお会いする事ができ、タンバリン芸へのリスペクトを熱く語らせていただいたことは一生忘れない最高の出来事だ）。

最初に披露したのは、２０１１年『カナリア』の東京公演の打ち上げだった。公演で最も激しいナンバーに乗せ、一心不乱に叩き狂った。

ウケが良かったので、正式な「ネタ」として採用し、次の宴会のメインとして、タンバリンを使って激しく踊った。

今まで余興を披露してきた中で一番ハネた。

そこから、右手には必ずタンバリン。

鞄には、お財布、携帯、タンバリン。

東京への荷づくりをする際も一番先に確認するのはタンバリン。

私とタンバリンは切っても切れない関係になっていった。

そのうち天真＝タンバリンという立派な（?）方程式が定着した。そんなある日……トップスター・蘭寿とむさんのサヨナラ公演の東京公演開演前、組長さんが「ＳＭＡＰ×ＳＭＡＰにタカラジェンヌがゲストで出演する」と発表した。子供の頃から毎週欠かさず見ていた大好きな番組。うわあー、誰が出るんだろ、観覧とかできるのかなあ、楽しみだなあ……と朗らかに聞いていると、組長さんが、

「なお、ゲストは96期以上です」

と告げた。

ま……？　ワイ（92期）、入ってんじゃん！！！

キャアーまさか、出演できるなんて！　あの、アイドルの中のアイドル、ＳＭＡＰさんに会えるなんて！　おんなじ空間の空気吸えるなんて！　やっぱ！　やっほう！

（あ、でもガン見してたら不審だからさりげなくガン見しよう、その為には……）

お話が終わり、皆が解散していく中、私は突然のパラダイス出現にテンションがアゲアゲ↑でバイブスいとあがりけりで誇大妄想に頭がフル回転していた。

そんなこんなで収録前日。いよいよ明日お会いできるのね……と幸せに呆けていたところ、突然蘭寿さんに呼び出された。

蘭寿さんは人気のないところに私を連れ出し、

「明日、収録現場にタンバリン持ってきてね」

とこっそり耳打ちされた。

……なにゆえ？

え、何、ワイ、何すんの？　もしかすると、もしかしたら……

叩くんか？

その瞬間から、ルンルンだった心境は一変、気もそぞろでその日はほぼ眠れなかった。

そして迎えた当日。

テレビ局に向かうバスの中、用意された台本を読んだが、天真みちるのての字も、タンバリンのたの字も見当たらなかった。

叩かへんのか？

準備が終わり、収録現場に行く時も1人モヤモヤとした緊張感を抱えながら、謎に1人タンバリンをいそいそと用意した。

ただ、叩く機会がなかった場合、なに1人だけ鳴り物持ってきてんの？と言われたらマジハズいなと思い、タンバリンはスタバの紙袋に入れ、傍目には禁酒時代に酒を持っている人のような出で立ちで収録現場に入った。

謎モヤモヤしながら待機していると、ＳＭＡＰの皆さんが入ってきた。

うううううわ、本物だ！　本当に生きているんだ同じ世界に日本に！

本物だあああ！！！！（語彙力の著しい低下）

チャンチャランチャチャチャチャランチャ………♪と、心の中で阿波踊りが始まっていたが、あくまで清く正しくその場にいなくては！と心を律し、収録を迎えた。

収録がはじまり、トップスターさんが格好良い仕草、格好良いダンスなど様々な格好良さをレクチャーし、日本を代表するスターさんと、タカラヅカのスターさん達の夢の競演が目の前で繰り広げられていった。なのに……私はというと、終始、

「叩くんか？　叩かへんのか？」

というモヤモヤに包まれ、それはそれは気もそぞろにその様子を眺めていた。

収録は順調に進み、終盤に差し掛かった。私は、「次か？　次なのか？」とずっとリーリーしていたので、ここにきて「もうお呼びでないかもな」と、気を抜きかけていた。

すると、テーマが余興の話になった。そして、同期の凛城《りんじょう》きらが私を紹介してくれた。

とうとう呼ばれた……。

少し気を抜きかけ始めたところでの不意打ちの指名で、人生最大に緊張感が高まってしまった為、ここから先の記憶は定かではない。ただ、人生最大に緊張して、本当に「心臓

飛び出るかも」と思った事ははっきりくっきりと覚えている。

ここで披露するんだ、披露するには皆さんの前に行かなくてはならないと、勝手な判断でひな壇を降り、ＳＭＡＰさんの前に立った。

案の定、中居さんに「そこ（座っていたところ）で良かったのに」と言われた。


なんで降りてきちゃったんだ……！　はっず！


その瞬間、緊張しすぎて「もう、どうにでもな〜れ☆」モードが発動した。

その後『オーシャンズ11』のフィナーレナンバーが掛かり、私は全身全霊でタンバリンを叩いた。

踊りながら、先ほど気もそぞろに見ていた、星組トップスターの柚《ゆず》希《き》礼《れ》音《おん》さんが踊ったダブル（2回転）しながらプリエ（しゃがむような動き）する、という格好良い男役ダンスの振付がフラッシュバックした。

何を思ったか、私は、ええい、取り入れたる！と、強引に振りに落とし込んでみた。

普段だったら絶対チャレンジしないであろう、ダンスレベルが比べものにならない柚希さんの振付にもかかわらず、背に腹は替えられない思いが後押しし、一か八かでチャレンジした。

……気がつくとポーズを決めていた。

意外と出来た。私はこういう時に急に出来たりする、そういう奴だった。

木村さんの「天真ー！」という声で我に返った。

周りを見渡すと、皆さんすごく笑っていて、少しだけホッとした。

バックバクに高鳴った心臓は、その後もずっとハイビートで鳴っていた。忘れられない1日になった。

ただ、まだ収録の段階だし、オンエアされるかはわからないし……と思っていたのだが、ありがたいことにきっちりとオンエアして頂いた（自分の後ろでめちゃくちゃ笑ってくれている蘭寿さんにめちゃくちゃときめき、感謝の気持ちでいっぱいになった）。

この日から更にしっかりと天真＝タンバリンという立派な（！）方程式が定着した。

それからというもの、余興でも、お茶会（ファンミーティングのようなもの）でも、卒業時には公演でも……タンバリンという相棒と共に陽気なリズムを打ち鳴らした。

シャンシャンというあのリズムが静寂の隙を与えない。苦手だった宴会も大好きになった。元々陰キャな自分をここまで変えてくれた存在は後にも先にもタンバリンだけだろう。今後、宴会や、大勢集まる場でのやり過ごし方に困っている方がいたら、私は胸を張ってタンバリンをおススメしようと思う。

花組の太陽

『ファントム』で、衝撃的且つ魅力的な言葉をかけられてから早幾年……男役の中の男役である蘭寿さんが、２０１４年に『ラスト・タイクーン／ＴＡＫＡＲＡＺＵＫＡ∞夢眩』でご卒業されることになった。

　蘭寿さんが『ファントム』で花組トップスターに就任され、迎えた初日の事は、今でも鮮明に覚えている。

　タカラヅカの公演は、公演初日の終演後、再び緞帳が上がり、組長さんとトップスターさんの挨拶がある。組長さんの挨拶が終わり、蘭寿さんの挨拶に。その瞬間、会場が一体となるような大きな拍手に包まれた。

　蘭寿さんの挨拶中、蘭寿さんから発せられる一言一言に込められた誠意や、責任、そして応援して下さっている方々への深い感謝の気持ちがいろんな方向から心に突き刺さり感銘を受けていた時、ふと、すすり泣くような声が聞こえてきた。

視線を蘭寿さんから正面に移すと、お客様が大粒の涙を流して挨拶を聞いていた……。

１００年以上続く伝統ある舞台で、毎年数十名の生徒達が入団し、トップスターを目指し切磋琢磨する。

そこには、実力だけではなく、様々な要素、時には運も必要になってくる。

その中で、お客様が「この方を応援しよう」と心に決めた自分のご贔屓が、トップスターさんになる確率はとても低い。

でも、どんな時も自分の贔屓を信じて応援してきた。

そうしてきて本当に良かったと、蘭寿さんについてきて良かったと、そのような思いを感じる涙だった。

心の底から就任を喜んで下さっている……。

深い愛に包まれている光景を目の当たりにして、自分も蘭寿さんにしっかりとついていこう。と、更に強く心に誓った。

蘭寿さんには、「真の格好良さとは何か」ということを教えて頂いた。

サヨナラ公演のショー、フィナーレの男役全員の黒燕尾のナンバー。上半身は常に凛としていて、足元だけをフォーカスしても、計算されたスマートな足取りで、無駄な足跡が一つもない。緩急が腰から付けられるので、正確且つ、ダイナミック。

どこをどう切り取っても、完璧な、蘭寿さんの男役としての集大成だった。この場面に出演した組子全員が、「蘭寿さんのように」格好良く踊りたいと心の底から思い、挑んだ。

当たり前のことなのだが、普段、観劇しているお客様はダンスナンバーや芝居の表現を「正面」から見ている。

しかし、組子はその場面に共に出演している限り、蘭寿さんの「背中」を常に見つめている。

「背中で語れる男役になれ」と下級生の時に言われてきたが、ここまで完成度の高い「語る背中」は一生忘れない、と蘭寿さんの背中を見つめながら思った。

組子全員のついていく、という気持ちを一心に受け止め、常に舞台のセンター、通称0《ゼロ》番で表現し続ける。

この瞬間が永遠に続いたらいいな、と心から思った。

初めましてで出会ってから3年、抱きしめてもらいたい一心でひたすら追いかけていた背中。様々な作品をご一緒していく間、お芝居で絡む事があった時、自主稽古に付き合って下さった。

私の余興にかける思いを汲み取り、お忙しいのにも関わらず、宴会で特別パフォーマンスをいつも快く引き受けて下さった。組子全員がいつも笑顔でいられるように、ずっと照らし続けて下さった。

蘭寿さんは、花組の太陽だ。

ずっとずっと、この暖かい光に照らされながら追いかけていきたいけど、私も研究科9年生。新人公演を卒業し、追いかけていくだけではなく、下級生を導いていかなければならない。

今までに頂いたすべてをこの先に繋げていこう。

そう思いながら、卒業する蘭寿さんの背中を見つめ、踊った。

ちなみに……抱きしめてもらえたのかは、私と蘭寿さんの秘密。

第28場　新トップスター・明日海りおさんとの出会い

明日海りおさんとの出会い

涙涙のうちに花組の太陽である蘭寿さんがご卒業された。そして、新たなる花組のトップスターに、明日海《あすみ》りおさんが就任されることになった。

明日海さんは、月組さんから組替えで花組にいらっしゃり、『戦国ＢＡＳＡＲＡ』『愛と革命の詩《うた》―アンドレア・シェニエ―／Mr.Swing!』そして蘭寿さんのサヨナラ公演『ラスト・タイクーン』でご一緒した後の就任だった。

明日海さんは、下級生の時から別組ではあれど、物凄く憧れの存在だった。

宝塚音楽学校時代、『想《そう》夫《ふ》恋《れん》』という公演をバウホールに観に行き、当時研究科3年の明日海さんの堂々たるお芝居に圧倒され「自分は3年後にあれだけの素晴らしいジェンヌさんになれるのだろうか……?」と、帰り道に自問自答したものだ。

組替えの直前も、『ロミオとジュリエット』を観劇し、自分と3期しか離れていない明日海さんのパフォーマンスにおける責任感と、とんでもない程の美貌と、とんでもない程のスター性に度肝を抜かれたばっかりだったので、まさか、その明日海さんと花組でご一緒できるなんて……。いつも、心の中で素敵だなあと思いつつも、接点が全くなく一度も会話したことがなかった明日海さんと、同じ屋根の下（語弊アリ）同じ組子としてお話しすることができるなんて……！　私の心はルンルンに跳ねていた。

しかし、実際にご一緒すると、そんな「ワンチャンお話できっかも。イェイ！」みたいなテンションは、「この方をもっと知りたい！」という、深い探求心に変わっていった。

明日海さんは、自分の演じる役所、歌唱する曲、ダンス、など、表現するにあたっての「読解力・理解力」がずば抜けていた。

この役を通してお客様に何を感じ取ってもらいたいか、このナンバーは、この役のビジュアルは……すべてに関して、「自身が表現するにあたって」という枕詞が付いていて、明日海さんにしかできない最高のビジュアルとパフォーマンスを届けて下さる。いつも、ぐるぐる悩んではいるが、最終的にカンで突き進む私にとって、明日海さんは憧れの存在でしかなかった。

この方に必要とされる組子でありたい……新トップスターさん就任後、自分の目標がしっかりと定まった。

それとは裏腹に、「ワンチャンお話できっかも。イェイ！」みたいなテンションも健在だった。だが、こう見えて自分から話しかけることが苦手で、ことごとく「第一印象オワタ大賞」を受賞している私は、なかなかワンチャンを掴めずにいた。

そんな中、10年に一度の宝塚歌劇団大運動会が開催されることになった。ここで、成果をあげるしかない！

私は確固たる決意を胸に、運動会の幹事に立候補したのだった……。

再び運動会～ＴＡＭＡ～

２０１４年10月7日に、大阪城ホールにて「宝塚歌劇１００周年記念大運動会」が開催された。

花組は、明日海さんがトップに就任したお披露目公演『エリザベート』の東京宝塚劇場公演初日の4日前という、とても多忙な中の開催だった。研究科9年生の自身にとっては二度目となる運動会の出場であった。

前回は、宝塚音楽学校に合格した年が創立90周年だったので、その年に音楽学校生として出場した。今回は創立「１００周年」という、節目of節目の開催。

「この記念すべき年に何がなんでも優勝するぞ」と、花・月・雪・星・宙の5組と、専科さん＋音楽学校生の6チームは、燃えに燃えていた。

前回は、最下級生の身での出場だったので右も左もわからず、出場した玉入れでは、よくわからないまま敵チームに玉をお渡しするなどの愚行に走ってしまった。

しかし、それから10年。様々な経験を経て、今や立派な花組の余興芸人（立派な男役……とかではない……涙）の道をタンバリン片手に進んでいた私は、確固たる決意を胸に、運動会の幹事（実行委員）に立候補した。当時の幹事は、副組長である紫峰七海《しほうななみ》さんを筆頭に、のちに雪組トップスターとなる望海風斗さんなど、錚々たるメンバーだった。

入場行進のコンセプトや各競技のメンバーの采配など、幹事の仕事は山積みで、自分達の得意分野で振り分けて担当した。

私の担当は……今までになかった初めての種目、「ダンシング玉入れ」の「ダンシングの部分の振付」だった。課題曲は、タカラヅカファンの方にはおなじみ『魅惑のサンバ』だ。ダンシング玉入れは、基本的には玉入れなのだが、不意に『魅惑のサンバ』がかかったら、玉入れを中断し、チームで踊らなければならない、というルール。玉の数と、ダンスの完成度の、2つの点数で競う。

いつも余興などでオリジナルダンスを披露していたので、きっとこういったものも得意だろう、ということで担当することになったのだが……正直なところ、自分に振付の才能は皆無だった。私のフリースタイルは、「余興」というフィールドでしか開眼できない。「種目」という畏まった空間では、「私なんかで良いんですかい……？」と、たちまち委縮してしまう。

だが、絶対に優勝したい。優勝できなくとも、人々を笑顔にするダンシングをお届けしたい。悩みに悩みぬいた私に、天の声が囁いてきた。

「ここは一丁、フィーリングで！！！」

……こうして、『エリザベート』公演で、ツェップスという革命家の役（いつになく真剣な役）を演じていた私は、おじさんメイクを顔に施している最中に『魅惑のサンバ』を聞いて、一発で降りてきた振付をそのままチームに伝授した。本気で30秒くらいで振付できた。まさにコンテンポラリーダンスだった（違う）。

そして迎えた運動会当日。

玉入れとダンスが錯綜する、想像の5倍くらい複雑怪奇な競技に翻弄されかけたが、チーム一丸となって笑顔を絶やさずに踊り切った。

しかし……結果は、玉の数も、ダンスの点数も芳しくなかった。

自分のせいだ……とがっくり肩を落とし、自席に戻った私に、同期が目を爛爛《らんらん》と輝かせて「聞いて！」と話しかけてきた。

ぶっちゃけ今そんなテンションじゃないぜ……と思いつつ、相槌を打つと、

「花組のダンシングの時、尚《しょう》すみれ先生（いつもクールで滅多に笑わない先生）が手ぇ叩いて爆笑してたてん!!」

……マジか！！！

その言葉で私の心は一気に晴れた。尚先生が笑って下さった……ならもうそれでいいじゃないか。

試合に負けて、勝負に勝った。そんな思いに包まれたのであった。


再び運動会～TSUNA～


運動会も終盤に差し掛かり、「優勝する組」の目星がついてきた頃……花組の成績はというと、あまり芳しくなかった……。

どの種目でもあと一歩得点に繋がらない、何とも歯がゆい気持ちに包まれていた。唯一の逆転チャンスは、組子全員参加で挑む「綱引き」に掛かっていた。

初戦の相手は……優勝候補の星組さん。向かい合った時の覇気が凄い。

「勝あああああああああああああああああああああつ！！！！！！！！！！！！！！」

って言ってる。目が。叫んでる。目が。

でもここで負けたら正真正銘の最下位になってしまう。それだけはなんとか避けたかった。私達は、この日の為に自衛隊員さん直伝の綱引き法を習得し、トレーニングしてきた日々を反芻した……。

「やるっきゃない!!」

組子の気持ちが一体となった瞬間、スターターピストルの「パーン！」という音が鳴り響いた。瞬間、綱を持ちわきの下に挟み、足に力を込め、上を向いて身体ごと後進した。星組さんの作戦で放たれた、紅ゆずるさんの変顔トラップにも目もくれず、ただただ歯を食いしばり後進した。

競技終了のピストルが鳴る。

上を向いていた状態から、視線を正面に戻す。綱のセンターラインが、花組のテリトリーに入っていた。

「か……勝った……??……勝った……！！！」

それは、喉から手が出るほど求めた勝利の瞬間だった。優勝出来なくても良い。ただ、この競技だけ勝てれば良い。湧き上がる喜びに、組子は手を取り合い祝福し合っていた……はずだった。

突然、ザワつき出す会場。ふと見ると、星組さんが何やら申す事があるのか、審判に何かを談判していた（後になって聞いたところ、どうやら床のリノリウムがずれてしまっていたらしい）。そして次の瞬間、「再試合」のお達しがなされた。

一体何が起こったのか、よくわからなかった……。

「なぜ再試合するのか……？」と聞く間もなく、ただ、流されるままに、星組さんと再び綱を引きあった。その結果……綱のセンターラインは、星組のテリトリーに入っていた。

「ま……負けた……??……負けた……↓↓↓」

生きていく上での「やる気」すべてを奪われたような思いに包まれた。その後、どのように大阪城ホールを後にしたのか、全く覚えていない。

それからというもの、私は「運動会」や「綱引き」など、あの日のことを連想させるすべての物がＮＧになった。

スターターピストルの「パーン！」という音を聞くのもＮＧ。

『天国と地獄』など、運動会の鉄板ＢＧＭを聞くのもＮＧ。

なんだったら、「ツナマヨ」のおにぎりもコンビニで見かけるだけで、「ツナ」↓「ＴＳＵＮＡ」↓「綱」↓!?!?!?　くぁwせdrftgyふじこlp

と、あの時に感じた脱力感に覆われ、いてもたってもいられなくなってしまうのだった。ツナマヨにとってはかなりの風評被害だ。

　そんな状態の中、東京宝塚劇場公演に向けての舞台稽古が始まった。

　初日に向けての最終調整といったところ、稽古中にこの状態になるのは絶対に避けたい。いや、あってはならない。

　緊張したメンタルの中、『エリザベート』の稽古がはじまった。

　プロローグ、望海さん演じるルキーニの掛け声でエリザベートの人生に関わったすべての人物がお墓から蘇る場面を、「連想させるもの絶対排除マン」的マインドで、かなり神経質にこなしていった。

　何事もないままなんとか最初の場面を終えた。

「まあでも、この作品の中にそれを連想させるものはないか……」

「連想させるもの絶対排除マン」は少し気を抜き、「連想させるものできるだけ排除マン」くらいのレベルになって次の場面に挑んだ。

　次は、エリザベートの母ルドヴィカが、エリザベートの姉ヘレネと皇太子フランツとの結婚が決まったことを知らせる為に親戚一同を家に招く、という場面。私は親戚の男を演じていた。

　ルドヴィカが、「人生のピークだわ！　ひゃっほう！」と、調子にのって声高らかにマウントを取ってきて、我々親戚は「キィー!!（ハンカチ噛みしめる）」となったり、「私達マジ仲良し親戚だったよね、ね!?」とアピールをしている最中、とてもお転婆な幼いエリザベートは、野外を駆け回り、私達に「見ててー!!」と呼びかけてきた。

声のする方へ視線を向けると、そこには「綱渡り」をするエリザベートの姿が……

そこには「綱渡り」を……

「綱渡り」………

「綱」→「ＴＳＵＮＡ」→「綱」!?!?!?　くぁwせdrftgyふじこlp!!!!

私は、その場から動けなくなってしまった。

「たそ、どうしたの?」と、心配する他の親戚の方々。

私は立ち止まったまま、ガッタガッタと身体を震わせながら、

「つ……綱が……アレ……綱です……」

と終始意味不明な事を呟き、カタカタカタと震える指で綱を指さした。

それを見た他の親戚の方々も「あ……あー!!!!!」と、一斉に震えだした。

……これは、『エリザベート』舞台稽古中に起きた「封印されし闇の記憶」である。今も全親戚トラウマ発動事件として語り継がれているとか、いないとか……。

第29場　中間管理職のブルース・おじさん役者への道ビジュアル編

中間管理職のブルース

余り芳しくない結果で終えた運動会だったが、帰りのバスの中で互いに奮闘をねぎらい、後日、明日海さんへ組子から表彰状をお送りして、私達だけの「特別な勝利」を称え合った。その結果、東京公演を終える頃には花組の絆はグッと深まった。

気がつけば私も、研究科10年目を目前に。

タカラヅカには「男役10年」という言葉があり、「10年演じて初めて一人前の男役になる」と言われてきた。

明日海さんがトップスターになり、自身との学年差もたった3学年。これまではただひたすらトップさんに「ついて行こう」という気持ちだけで追いかけていたが、これからは自分も一人前の男役として、下級生を「引っ張って」いかなければならない。

大きいと約30年以上キャリアの離れた約70名の組子達が、1つの作品を創り上げる、というのは簡単な事ではない。それぞれプロセスやアプローチは違えど、目標は同じところにないと迷子になってしまうので、トップスターである明日海さんが目指す方向を、組子の長である組長さんと副組長さんが汲み取り組子に具体的に提示し、我々中間管理職が下級生達にしっかりと指示が伝わっているか、わからないところはないか、とサポートする。

そのような、「舞台裏」で下級生を導いていくのは勿論のこと、引っ張っていく身として、「舞台上」でも場を締める役者であることがより求められる。

新人公演を卒業し、小劇場作品では少しずつ、いわゆる「通し役」を演じることが多くなり、いよいよ花組の組子全員が出演する大劇場公演でも通し役を頂く機会が増えてきた。それによって、新人公演の時のような、元々本役さんが創り上げた役をモデルにアレンジしたり、違うアプローチで挑むという役作りではなく、「0」から自分で役に息を吹き込み、いろんな技を持って説得力のある役を作り上げていく力が必要になる。

下級生にとって、「尊敬される本役さん」にならなければ……今まで以上に強い使命感と責任感が生まれたのだった。

おじさん役者への道～ビジュアル編～

そもそも、おじさん役者への道は研究科2年目から始まっていたのだが、一人前の男役たるもの、更に「本物の」おじさんへ擬態するには、所作、発声、役作りに加え、タカラヅカ特有の「メイク」が肝だった。

「おじさんメイク研究」は、卒業するその日まで正解の出ない、底の知れないものだった。まず、ベースの肌色を作る段階で一苦労だった。

皆と同じ色味を使うと、同じ年頃の人物に見えてしまう。私が演じていた役どころの年齢は40歳～50歳位だったので、若人のような血色の良い顔色になっても説得力がない。

にもかかわらず、私の肌は、血色も良く、信じられない程ピッチピチなのだ（これに関しては、ナルシスト発言でもなんでもなく、紛れもない事実を申している）。

今までこれといったスキンケアをマジで何もしてこなかったにもかかわらず、タカラヅカの濃いめのメイクをしても、絶対に荒れることがなく、吹き出物もできることなく、ノーダメージだった。

「けっ！　何？　自慢？」と思われるかもしれないが、おじさん役者を目指す私にとっては、すべてが不利だった。当時は心の底から、「肌よ、頼むから荒れろ！」と思っていた。

更には、輪郭は丸い、目は丸いしタレ目、顎もない、そんでもって何度も言っているが私の顔は可愛い。

「は？　いい加減にしてよ！　何言っちゃんてんの？」と思われるかもしれないが、つまり、私の顔は男役をやるには余りにもポテンシャルが低かったのだ。そんな私の「若すぎる肌・可愛い顔」の悩みを一掃して下さったのは、今まで新人公演でお世話になった「本役」の方々だった。

まず、おじさんとしてグッとくる色味を教えて下さったのは、スペシャリスト集団である専科の悠真倫さん（当時は花組）。「おじさんの肌の絶妙なくすみ具合」の配合を教えて頂いた。それ以外にも、「顎の割り方」「ゴリッゴリの眉毛・もみあげの描き方」「白髪の入れ方（貼るver.／描くver.）」など、数え切れないほどのテクニックを伝授して頂いた。

そして、専科の夏美ようさん（当時は花組組長）に、「おじさんの肌の絶妙なくすみ具合・夏美さんver.」「無精ひげ・剃り残しの描き方」や「良いおじさん・悪いおじさんの眉毛」など、これまた数え切れないほどのテクニックを、最終的には、専科の汝鳥伶《なとりれい》さんから、「おじさんの肌の絶妙なくすみ具合・汝鳥さんver.」「顎髭を貼る位置」「麻呂眉（雅な眉）の描き方」など、ピンポイントで演じる細分化されたおじさんのメイク術を丁寧に教えて頂いた。

御三方には、化粧だけでなく、靴や、カフスボタン・懐中時計といった「小物」についても沢山のアドバイスを頂いた（タカラヅカの舞台では、お衣裳さん・小道具さんが用意して下さった物だけではなく、その役に合わせて自前で用意することがある）。

　1年目、2年目のぺーぺーに、渋いカフスボタンや懐中時計がどこで手に入るのかは皆目見当がつかぬので、本当にありがたかった。

　そこから必死に食らい付き、何年か経つ頃には、自分自身でもとっておきのおじさんグッズを売っているお店を開拓できるようになり、本役さん方と、

「梅田のあの店、行きました？　ハチャメチャに渋いアクセサリー売ってました」

「逆瀬川のあのお店、閉店しちゃうらしいです！　それまでにおじさん靴買い占めないとですな！」

など、おじグッズ店情報井戸端会議を開けるようにまでなった。こうして、おじさんを極める男役だけが辿り着く「おじネットワークコミュニケーションズ」が形成されていくのだ。

　そんな「おじコミュ」にアクセスして幾年、様々なテクニックをマスターし、「どんなおじさんでもどんと来い！」と、少し自信を持ち、迎えた次回花組公演『新源氏物語』の集合日。私が演じることになったのは、なんと、専科の京三紗《きょうみさ》さん演じる弘徽殿《こきでん》の女御の「お父上」の役だった……。

「おじさん」から更に年齢が上がり、初の「おじいちゃん」の域に到達した。

ほんの数行前まで「どんと来い！」と、堂々と構えていた私の心は、35期上級生である京さんのお父上を演じるのが私では力不足ではないか……足を引っ張ることになるのではないか……と、一瞬にして緊張に包まれた。

更には、私に沢山のおじテクを教えて下さった汝鳥さんの「義理の父親」であることも発覚。しばらく緊張が解けぬまま、教室を後にした。

その後、専科さんのバウホール公演『オイディプス王』を観劇し、楽屋でご挨拶していたところ、まりんさん（悠真倫さん）に「たそ、今度はどんな役やるん？」と聞かれ、緊張したまま「右大臣です。京三紗さんのお父さんの役です」と答えた。

すると、それを聞いた主演の轟悠さんが、「えっ」と振り返られた。そして、私に

「凄いじゃない！」

と、話しかけて下さった。

今まで一度もお話ししたことがなかったので、この件をきっかけに話しかけて下さった事に心臓が飛び出そうになった。ギリシャ彫刻よりもお美しいそのお顔で自分の眼を見つめられ、「ア……ア…」と、私は再び千と千尋のカオナシのような応対しかできなかった。

そんな私をよそに、轟さんと悠真さんは、「絶対観に行くね！」とエールを送って下

さった。

カオナシのままその場を後にした私は、その時の轟さんのお美しい表情を反芻しながら、今まで頂いたテクニックを駆使し、何とか父上を演じ切る！と、固く心に誓った。

しかし、「父上」の道は果てしなかった……。

お芝居で、京さんは自主稽古にもお付き合い下さって、私は様々な技術で導いていただいた。演出の大《おお》野《の》拓《たく》史《じ》先生、振付の峰《みね》さを理《り》先生にもアドバイスをいただき、なんとか、自分なりの父上像が生まれた。

残る課題は「化粧」。

今回は「日本物」でベースは練りおしろいの真っ白な肌なので、くすませることも出来ない。また、位の高い役で頭髪や眉毛なども雅な為、いつものようにゴリゴリに描きこむことも出来なかった。

加えて、日本物化粧の目元は洋物よりも更に切れ長にしなければならないので、私の目は特に不利だった。

今まで教えて頂いたことを全く活かす事が出来ない。一体どうすれば……。

「これぞ八方塞がり……」

もう無理か、と、自宅で化粧の練習をしていた私は途方に暮れ、目を閉じた。

そして、やる気のない薄目状態で鏡を片付けようと覗き込んだ。

その時………!!

鏡に映る私の目は、自分が思い描いていた切れ長の目をしていた。

「これだ………！！！」

描き足すことが出来ないのなら、描くことを辞めればいい。

迎えた本番、私はアイメイクを目頭・目尻しか描かないことにした。

普段なら瞼の上にもアイラインを引き、つけまつげもつけるところだが、普段のまつげを5ミリ幅にカットしたものをぺぺっと張り付けるという技で「しょぼしょぼ目」を生み出すことに成功した。そして、芝居の間は常に「薄目状態」で演じることにした。

男役10年にして初めての試みだった。

舞台上のセットは、ほぼほぼ見えていなかった。ただ、その甲斐あってなんとかおじいちゃんになることが出来た。……が、今までに薄目で舞台に立った方がいただろうか、この演じ方は正しいのだろうか、と、常に不安も付きまとっていた。

ある日公演を見に来て下さった雪組の奏乃《そうの》はるとさんに楽屋でお会いした際に、「あなた、そんなに目丸いのにどうやって演じていたの?」と聞かれ、「あ……半目、あ、薄目で演じていて……すみませんでした」と、恐縮しつつ答えた。

すると、それを聞いた当時雪組トップスターの早霧《さぎり》せいなさんが、「えっ」と振り返られた。そして、私に
「凄いじゃない！」

と、話しかけて下さった。

それを聞き、「ああ、間違ってなかったんだ」と、私の心に少しだけ自信が舞い戻ってきた。


この、自力で編み出した「薄目で切れ長アイメイク術」は、この後誰にも伝授されることはなかったのだが、いつか『新源氏物語』が再演される事があれば、その役を演じる方にこの文章が届けばいいと思う。

フィナーレ

第30場　卒業への決意

私の頭の中の消しゴム

中間管理職のブルースは続いていた。

私は、元来ちゃらんぽらんな性格をしている。基本的に行雲流水の如く生きていきたい性質なので「私についてきな」みたいなお姉さまに「へい！」と子分のようについていくのが好きだし、外食する時なんて一生メニューが決められないので、自動的に「シェフのおススメ」になる。

そんな最高に優柔不断な私でも、タカラヅカに在籍し、年を重ねていけば必ず「管理職」の学年になってくる。

こんな性格のまま、上級生としてふるまわれても、下級生は路頭に迷うだけ。続けていくならしっかりと物事を管理できる人間にならなければならない。男役10年、一人前の男役として尊敬される役者にならなければならない。

そう思うあまり、私はこの、「〜しなければならない」という、「have to 病」に飲み込まれてがんじがらめになっていった。

元々上に立つのが得意なタイプではなかったので、背負わんでもいいものまで勝手に背負いこみ、気がついた頃には何をするにも緊張しまくるようになってしまった。

この頃から、少しずつ演じるということが楽しいとは思えなくなっていた……。

緊張のピークを迎えたのは、２０１５年『カリスタの海に抱かれて』の公演中。

トップスターの明日海さん演じるカルロが、新しい赴任先で、私の演じるバルドーと会話する場面でのこと。袖中で何度もセリフを復唱していたのにも関わらず、本番、自分のセリフが全く出てこなかった。

『虞美人』の新人公演以来、2度目のセリフ忘れだった。

自分で一番許せなかったのは、虞美人の時から5年も経っていたのに、見ている人全員が「あの人セリフ忘れたんだな」とわかってしまうくらい、何一つカバー出来ずただただテンパってしまったことだ。

「上級生として一番やってはいけないことだ……」

明日海さんにもご迷惑をかけてしまった。なんてことをしてしまったのだろう。

これではお客様や下級生に合わせる顔がないと、ひたすらに悔いた。

その日以降、その場面になると必ず一瞬セリフがわからなくなる、アスリートにおける「イップス」的な（神の子幸村的な）ドツボにはまっていった。

どんなに袖中で復唱しても、言った端からセリフが消えていく。頭の中にハイパー意地悪な自分がいて、セリフをかき消してしまうのだ。

本来は見ている方に夢や感動を如何に届けられるかという世界で、あの時「セリフをきちんと覚えられたか」という、大前提の状態で千秋楽まで演じてしまった事を、今でも深く後悔している。

私は、日に日に舞台に上がるのが怖くなっていた。

病の浄化

そんな中迎えた、バウホール公演『スターダム』。

同期の鳳月杏の初単独主演公演というプレッシャーもあり、私の「have to 病」は重症状態だった。

作・演出は、劇団一格好良いと名高い正塚晴彦《まさつかはるひこ》先生（本当にそう思う）。

音楽学校時代の演劇の授業でお世話になり、その後劇団生として先生の作品に出演するのは２０１１年の『カナリア』以来2度目だった。

タカラヅカの演出家の先生の演出方法は十人十色、本当に様々だが、短い期間での稽古になるので、集合日に台本を渡され本読みをした後、次の日から立ち稽古に移り、台本は2〜3日で外すのが基本だ。

だが、正塚先生の場合は、集合日に本読みをした次の日も全員で本読みをする。そして、先生が気になるところで止め、その都度そのセリフを発する生徒の感情と、先生が演じてほしい役の感情について、本人がしっくりくるまで徹底的に議論する。

一番最初の役の骨組みを作っていく段階で、その役が「どんな人物なのか」齟齬が起きないよう丁寧に示してくれるのだ。

勿論、役者が1から自分1人でイメージを膨らませて体現し、演出家がそれを受けて演出していく方法もある。それはそれで役者冥利に尽きるので好きだが、私は正塚先生の演出方法に物凄く心が救われていった。

もともと私は、活字の読解が物凄く遅い。ここに書かれていることがどんな状況なのか、理解するまで何度も反芻する必要がある。読書を続けることによって、「頭に入ってきやすい作家」「頭に入ってきやすいフォント」があることがわかったのだが、集合日に渡される台本は、事前に読むことが出来ないので、本読みの日は一番緊張する。

そうはいっても男役10年を迎えた一人前の役者なので、「え〜、天真さん全然役の意図がわかってないじゃん……」とか周りに思われたらどうしよう。終わる……と、読み始める０・１秒前までは心臓が口から出そうになっている（そのまま読むので多分心臓は口から垂れ流していると思う）。

でも、正塚先生の場合はゆっくりと一緒に読んで下さるので、「一人前の男役たるや、本読みの段階で台本を深く読み込まねばならない」といういつもの「have to 病」が発症しなかった。

正塚先生はいつも、

「俺はこうしたいけど、お前はどうしたい？」

と、こちらの意見に耳を傾けてくれる。そして、私達へ宿題を課し、次の日それを見て、またディスカッションという名の演出を付けてくれる。

「天真は？」と聞いてもらえることによって、少しずつ「一人前の男役たるや」ではなく、「自分自身がどうしたいか」だけを考えるようになっていった。

そうして、先生と共に作り上げていった役のセリフをノートに書いていき、その文字を読む事で、「自分の言葉」でセリフが頭に入ってくるようになった。そうやって覚えたセリフは不思議と忘れることがなかった。

それ以降、どの台本も、演出家の先生の意図を汲んだ後に、セリフを必ず自分の字で書き直して覚えることにした。

その後迎えた本番、ひとつひとつ感情を紐解きながら作り上げた役は、「have to病」の緊張を抱きとめた。

「良く見せよう」ではなく、「どう見られようが私は私だ」と、すべてを受け止める覚悟で臨む事が出来た。それよりも、共に演じる相手の日々の反応の違いによって少しずつ変わっていく芝居や、役を通して拡がっていく人生について考えるのが面白くて仕方なかった。

私は久しぶりに演じるのが楽しいと心から感じることが出来た。

そしていつしか、「演者全員が心から楽しいと思える芝居を創りたい」と思うようになっていった。

様々な先生の作品に出演しながら、作り手の世界の意図を汲んで役を創っていくだけでなく、自分で1から創ったらどんな世界ができるんだろう……と、私の興味は「演じる」事から「創る」事へと移っていった。

心の中にふと湧き上がった夢を、千秋楽の後、正塚先生に真っ先に打ち明けた。

すると、それを聞いた先生は、

「役者から演出家を目指すのは良いと思うで」

と、背中を押して下さった。

じゃあ、「『タカラジェンヌ』としてやり切った！」と思ったら卒業しよう。

この日から、「タカラヅカを卒業すること」を頭の片隅に置きながら過ごす日々が始まった。

タカラジェンヌとしての終活

では、何をもってして「やり切った！」と思うのだろうか。

卒業していった上級生の方に「卒業しようと思った決め手は何ですか？」と聞くと、百発百中で「鐘が鳴ったんだよ」という答えが返ってくる。

鐘？　鐘ねぇ……。

鳴ってないわ。死ぬほど耳をすませても鳴る気配がないわ。

何？　鐘って。除夜？　教会？　ノートルダム？　のど自慢のヤツ？　プロレスのヤツ？……あれはゴングか。

私はどんな音かもわからぬその音を聞き逃さないように慎重に生活した。

その後頂いた役のどれもが演じていくうえで感慨深く、かけがえのない出会いだったのだが、いまだ鐘の音は聞こえずだった。

そんな「耳すま生活」の最中、迎えた『雪華抄《せつかしよう》／金色《こんじき》の砂漠』の集合日。上《うえ》田《だ》久《く》美《み》子《こ》先生作・演出のお芝居『金色の砂漠』で、私は「求婚者ゴラーズ」という、第二王女に求婚する人物を演じることになった。

ド緊張の本読みが始まった……と思ったのだが、ゴラーズという役は、役の方から語りかけてきてくれた。私は、頭の中に聞こえてくる声をそのまま発声していった。

次の日の立ち稽古もド緊張はしているが、野生のカンに沿って演じていった。

すると上田先生は、

「面白いです。このままで大丈夫です」

と、仰った。

台本を頂いてから2日。こんなに早く「大丈夫です」と言われたのは初めてだった。

周りの組子の方も、「ゴラーズさんはたそのものって感じでめっちゃ良いね！」と、お褒めの言葉をかけてくれる。

私はなんの手ごたえも感じないまま、「このままで良いのかぁ」と思っていた。

……が。

本番を2週間後に控えたある日の稽古時、先生に、

「間が悪いです。前の方が良かったです」

と指摘された。

「前……。前って……いつだ？」

台本を頂いた当時、カンの赴くままに芝居していた私は、今になってそれが「どんな風に」芝居していたのかわからなくなってしまった。

ゴラーズという役はとっても優しい人物で、稽古を進めていくにあたり、「優しさ」とは何か、本当に優しい人はどんな人なのか……?と、「優しいとは」のドツボにハマった私は、最初に掴めていたはずの役の意図を完全に見失ってしまった。

上田先生もそんな私と共に何度も考えて下さり、親身に話し合って下さったのだが、当時の私は、最初の頃の自分がどんなだったか何も思い出せない事が恥ずかしくて、悔しくて、いてもたってもいられなかった。

その後、なんとか「こうだったのではないか」というところまでは取り戻せたが、確証はない状態で、お客様に見て頂くことに少しだけ不安な気持ちを持ったままで本番を迎えた。

だが、幕が上がると、見に来て下さった方から、今までに貰ったことがないくらい沢山のお手紙を頂いた。今まで以上に「良かった」と言われることが多く、どの方も
「ゴラーズさんと結婚したいです。たそらしくて本当に好きな役です」

と、暖かいお言葉を寄せて下さった。

その言葉を受け、私は「たそらしさ」ってなんだろう……?と、自分らしさを探る旅に出た。

宝塚大劇場での千秋楽を終え、東京宝塚劇場での公演が始まり何日かたった頃、上田先生が公演を見に来て下さった（基本的には、本番を迎えてからは演出家の先生は毎日見学に来られるわけではない）。

終演後、先生は私に、

「ゴラーズさんを演じる天真さんが笑いを起こそうとして起きた笑いと、ゴラーズさんとしてやり取りをしていくうえで笑いが起きるのとは中身が全然違う。私は後者が良いので、なんなら笑いなんて起きなくていい」

と、ピシャリと告げた。

私はまた、「『たそ』として舞台に立つならひと笑い起こさなければ」の「have to 病」を発症していたのか。それも、無意識で。

私は、脇を固めるには我が強すぎる。

そう思うと同時に「これが私なんだな」ということも強く感じた。

そして、素の自分の性格と、役として求められているものをひっくるめて「たそらしさ」だと考えるからこんがらがってしまったのか、と気がついた。

それからは、やたらと神経質に捉えていた「優しさ」は、素の自分が自分に課していたものにすぎず、ゴラーズさんの優しさはもっと大きく気のいいおじさんなんだと、自分と役を分けて考えるようになった。

そうすることによって、自分の頭がすっきりしていくのがわかった。

千秋楽を迎える頃には、「たそらしさ」を自覚し、その上で「作品に息づく役」としての人生を全うするにはどうしたら良いのか、ほんの少しだけわかった気がした。

それが完全に体現出来たのか、出来なかったのか。その答えも、自分だけで判断するものではなく、観ていただいた方に委ねるものなのだ……と気づけた公演だった。

この役を演じられたことで得たものは計り知れなかった。

「役者」として「自分らしさ」を知るという、鐘の音が聞こえた気がした。

もう1つの夢

『金色の砂漠』で自分らしさの鐘が鳴ったのとほぼ同時に、ショー『雪華抄』でも心が満たされた瞬間があった。

唐突だが、私はドライアイスが大好きだ。

差し入れでドライアイスが付いてきたりすると、必ず水を入れて自分の化粧前でモクモクさせる。それを知った組子の方も、差し入れにドライアイスが付いていると「たそ〜ドライアイスだよ〜！」と、私の化粧前に持ってきてくれるので、私は満面の笑みで水を入れてモクモクさせる。

いつしか、「もっと大きな規模でドライアイスをたけないかなあ」と思い始め、それ以降『宝塚おとめ』の「演じてみたい役」という欄に、「ドライアイスのたかれた空間で佇む」と書き続けていた（「役」というよりは「シチュエーション」だけれども）。

タカラヅカの舞台でこの条件を満たすのは、トップスターさんとトップ娘役さんのデュエットダンスくらいしか思いつかない。

もし私ができるとしたら、「トップスターさんの（すでに亡くなっているか、回想の）父」くらいだろう。

その為に、私はずっと、「なにがしかの大事なおじさん」になるしかない！と息まいていた。

……が!!　その夢は『雪華抄』で不意に叶った。

「七夕幻想（B）」という場面で、キキちゃん（芹香斗亜《せりかとあ》）演じる彦星と、ゆきちゃん（仙名《せんな》彩世《あやせ》）演じる織姫が久方ぶりに出会う際、幸せそうに踊る2人の周りを囲む天人を演じることになり、ドライアイスの天の川の中で佇むことになったのだ。

更には盆（回転する舞台）も回り、これ以上ないほどのロマンチック空間で思いを馳せ、寄り添う天人を演じることが出来た瞬間、私の、「夢」という鐘の音が鳴った。

鐘の音って、少しずつ鳴っていくものなのかなあと思いながら「耳すま生活」を続けたのだった。

第31場　はいからさんの一族

牛五郎さんとの出会い

『雪華抄／金色の砂漠』で最初の鐘の音が聞こえて以降、「耳すま生活」を続けていた私は、『ＭＹ ＨＥＲＯ』のスマイル・スマイリー役で「胡散臭さの極み」の鐘が、『邪馬台国の風』のナシメ役では、「自分で結える唯一の髪型が〝みずら〟になった」の鐘が、『Santé!!』のポワブロンでは、「イロモノ女役の集大成」の鐘がそれぞれ聞こえ、日々演じる事に大きな充実感を抱いていたのだが、ここに来て「ハッ」とあることに気がついた。私には、ドライアイスという状況以外で、演じてみたい役がこれといってなかったのである。

　これまで『宝塚おとめ』の「演じてみたい役」という欄には、「様々な役の人生を演じたいです」的なことを書いており、特定の役に対する意気込みはほぼ皆無だった。

　自分から演じてみたいと思える役に出会えたらどんな気持ちになるのだろうか……そん

な想いを抱きながら、タカラジェンヌとして終活の日々を過ごしていた。

そんなある日、次回公演のラインナップが発表された。そこで私は雷に打たれたような衝撃を受けた。

なんと、あの名作漫画『はいからさんが通る』が花組で上演されるとのお達しだった。

大和《やまと》和紀《わき》先生の『はいからさんが通る』……それは私にとって人生のバイブルであり、教科書であり、友であり、かけがえのない存在の漫画だった。

どんな事があっても前へ進む主人公の紅緒さんに何度心を救われたか。

自分が一度宝塚の試験に落ちた時も、小劇場作品の選抜に落ちた時も、落ち込んだ時はいつも、紅緒さんに背中を押して貰ってきた。

そういえば、もし宝塚で『はいからさん』を上演するなら、自分は「牛五郎」という、主人公の紅緒さんの生き様に憧れ、弟子になった車引きの男を演じられたら良いなあと思っていた。

そんな『はいからさんが通る』が宝塚で上演されるとは……

しかも、自分の所属する花組で上演されるとは……

宝塚人生の中で、自分から演じてみたいと思っていた役とは、「牛五郎」の事だったの

だ！　私は居ても立っても居られなくなって、その足で花組のプロデューサーの元へ向かった。そして、

「私をはいからさんが通るの公演チームに入れて下さい！！！！！　で、私に牛五郎さんを演じさせて下さい！！！！！！！」

と、人生で初めて出演の直談判をした。

それを聞いたプロデューサーは、

「わかったわかった。熱い思いだけは受け取ったから。でも、他の公演のメンバーとの兼ね合いもあるし、演出家の先生の意向もあるから」

と私の勢いに若干引きながら（というか、ほぼドン引きしながら）、その場を後にした。

私は、教室を出ていくプロデューサーの背中にも、

「お願いします！　絶対にお願いします！」

と、念を送り続けた。

数日後……

想いが伝わったのか、私は、『はいからさんが通る』の公演チームに入る事が出来た。

その段階では、主なキャスト以外の配役については未発表だったのだが、自分こそが牛

五郎さんを演じるんだ！と、集合日に向けて何度も何度もマンガを読み返し、アニメを鑑賞し、牛五郎さんのイメージを膨らませていた。

そして迎えた集合日。

高鳴る鼓動をなんとか押さえて香盤表を見に行ったところ、「天真みちる＝牛五郎」という文字が目に飛び込んで来た。

私は生まれて初めて香盤表の前で「ぃよっしゃあああああああああああ！！！！！！」と、ガッツポーズを決めた。

その後プロデューサーに感謝の気持ちと意気込みを伝えに行くと、プロデューサーは、

「実は、牛五郎の配役は、俺と天真の一騎打ちやってん」

と聞き捨てならないことを言った。

「うそ……だろ……!?」

と、演出の小柳《こやなぎ》奈《な》穂《お》子《こ》先生のところに行くと、先生も、「そうなんですよー。花組のプロデューサーさんって牛五郎のポテンシャルめちゃ高いですよね」と、花プロをべた褒めした。

言われてみれば、当時のプロデューサーのプロポーションは、漫画の牛五郎さんそのものだった。こんなに近くにライバルがいたとは……危なかった……。

私は、「花プロに負けるわけにはいかない」と、より一層気を引き締めて稽古に取り組んだ。

とは言うものの、稽古に入る前から牛五郎さんについて研究していたので、台本読みの段階で牛五郎さんの話し方、所作はすべてシミュレーション済みで、自分のやりたいプランもあふれていたので、一刻も早く動き回りたくて仕方なかった。

牛五郎さんの見た目に関しても、ディテールにまでこだわった。

顎を割り、ゴリッゴリの眉毛を描いたが、まだ何かが足りない……。

今までの経験上、「もみあげ」が肝心要だと判断した私は、もみあげを「描く」という２Ｄではなく、「貼る」という、３Ｄ方式にしようと判断し、劇団内で髭・カツラを取り扱う床山《とこやま》さんの所へ相談しに行った。

床山さんは、おじさん役を極める人々にとってなくてはならないところで、ここには、今まで演じられてきた役のすべての髭がファイリングされており、役どころによってカイゼルにするか、コールマンにするか、フレンドリーマトンチョップスにするか（すべて髭の種類）、フィッティングしながら（床山合わせと呼ばれている）決めていく。

『はいからさんが通る』は、漫画のほか、実写映画、アニメ、アニメ映画など、様々な形で展開しているが、その中でも、舞台では原作漫画を忠実に再現したいと思っていた。

なので、漫画の1ページを見せ、「これと似た形のもみあげはありますか？」と床山さんにお聞きした。

すると、床山さんは私のフェイスラインを一瞥し、

「たその丸顔は結構特殊だから、四角に見せる為に、1から作るね」

と、オートクチュールで作って頂くことになった。

おじさん役を極めて10年弱、床山さんとの付き合いも長いだけあって、私の輪郭をしっかりと把握して下さっている。いつも見事に男役に仕上げて下さる床山さんに感謝の気持ちしかなかった。

顎、もみあげ、眉毛と、少しずつ枠組みが仕上がってきた。残る課題は1つ……そう、髪型だ。

漫画の牛五郎さんの髪型は……カッチリ真四角の「角刈り」だった。

研究科12年。干支も1周したところで、男役として覚悟を決め、ここは一丁角刈りにするか！！！と、覚悟を決めた私は、美容院へ向かった。

席に着き、スタイリストさんに、「今日はどんな感じにしますか〜？」と聞かれた私は、ただ一言、

「角刈りで」

と答えた。

すると、3秒程沈黙したスタイリストさんが、

「か……角刈りです……か……？」

と、おそるおそる聞いてきたので、私は間髪入れずに
「はい」

と答えた。

すると、更に8秒程沈黙したスタイリストさんが、熟考の後、

「俺には……出来ないかな。俺は、おススメしないよ」

と、まるで天下の優男のようなセリフを吐いた。

（貴方に……貴方に私の何がわかるっていうの!!　いいから切ってよ！！！）

と、心の中で感情を爆発させたが、面と向かって言う程の勇気がなかった私は、美容院を後にした。今思えば……なぜ、この時に床屋に行かなかったのか。

まさかの角刈り拒否をされた私は、悩んだ末「いつものリーゼントをもっとかっくかくにしたら、角刈りになるのでは？」という結論に辿り着いた。

そして試行錯誤の末、散髪屋に売っている「ダンネットエル」という、リーゼントをセットする時に使うラケットのような網を駆使し、かっくかくの真四角角刈りを作ること

に成功したのである。

長く在籍した宝塚歌劇団で、私が取得したヘアセットは、「みずら」と「角刈り」になった。


化粧、髪型を納得のいく形に形成出来た私は、順調に稽古を進めた。

そして迎えた本番。

私の生涯の推しである『うたの☆プリンスさまっ♪』の聖川真斗様の楽曲も手掛けられている（紹介に偏りがあることをお許し下さい）エレメンツガーデンの藤間仁さんの作曲による、『はいからさんが通る』のメインテーマがかかり、芝居が始まった。

牛五郎として仕えている親分、紅緒さんを演じる華優希《はなゆうき》ちゃんは、当時まだ研究科4年目だったにもかかわらず、堂々とした振る舞いで、本当に親分のようだった。

芝居のやり取りで私が変顔で話しかけると、彼女も変顔で返してくる。彼女の顔を見ながら、「ああ、私今こんな顔で話しかけているのか」と気づかされる。

どんな無茶ぶりをしても、親分として返してきてくれる。

これは、「娘役」としてはとても難しいことなのに、華ちゃんは、そのハードルを感じさせなかった。今日はどんなやり取りになるのかな……という期待で、毎日幸せだった。

『はいからさんが通る』の公演中は「楽しい」以外の言葉が見つからなかった。日々、牛五郎という役を通じて、自分自身も舞台に息づいていると感じられた。役なのか、自分なのかわからない幸福感に包まれたのは、生まれて初めてだった。

千秋楽を迎える頃、私はとてつもない「やりきった感」に包まれた。

この時、「演じてみたい役」を演じる……という、今までの中では、割と大きい鐘の音が聞こえた。

中間管理職としての責任

聞こえてくる鐘の音が、次第に増えていく。

そろそろ、タカラジェンヌとしての終活も完了に近づいてきているのかなと思う反面、1つだけ、どうしても自分で鳴らすことはできないのだろう、という鐘があった。

それは、「中間管理職としての責任感を捨て去ることができるか」という葛藤だった。

タカラジェンヌとして長く劇団に在籍していく上で、上級生になっていけば、必ず下級生が増えていく。「タカラジェンヌ」のあり方は「タカラジェンヌの先輩達」によって形成、伝承されていく要素がかなり大きいので、自分が今までに見て、教えられて学んできた事を下の世代に繋げていくことは、大前提だった。

その責任を手放しても良いのか……そのことがずっとひっかかっていた。
悩み続けた私は、自分だけでは解決できん！と爆発した。これは、誰かに相談しよう。
でも、誰に……

そんなことを考えていたある日、公演を観に来ていた月組の光月《こうづき》るうさんが、同期の鞠花ゆめと、鳳月杏の所に感想を伝えにいらっしゃった。

るうさんは、ゆめとちなつ（鳳月）とは親しかったが、私とは元々接点はなく、2人に話しかけてきて下さる際に、一緒に会話する位の間柄だった。

だが、いつも月組さんで上級生として素晴らしい芝居と素晴らしい統率力を発揮されているるうさんをお見かけした時「相談するならこの方しかいない」と、心の中で声がした。

次の瞬間、私はちなつから連絡先を聞き、るうさんに相談したいことがある旨を伝えた。すると、すぐにるうさんから、

「それはできるだけ早く聞かないとだね」

と返信があった。その日のうちにお会いすることになり、恐ろしい程の手際の良さでお店を手配して下さり（勿論個室）、車で迎えに来て下さり、助手席に案内され、座るとドリンクホルダーにお茶が用意されており、「飲み物これで大丈夫？」と、ご配慮までいただき……ほんと、ハンカチ出してすぐにでも

「惚れてまうやろ――――――――――――――――!!!!!!」

と、叫ぶところだった。一歩手前で何とか踏みとどまり、自分の本来の目的を思い出して、気分を落ち着かせた。

そして、ゆっくりと、自分の今思っていることを打ち明けた。

るうさんは、ずっと丁寧に相槌を打ちながら聞いて下さり、沢山アドバイスもして下さった。そして、

「これだけは絶対に覚えていて欲しいんだけど、宝塚歌劇団というところは、たそが仮に辞めたとしても、絶対に次の作品の初日は来るし、続いていくんだよ。それは、たその事を必要ない!と言ってるわけではなくて、誰かが卒業すれば、誰かが一生懸命担って行くし、自分がいなくなったら、宝塚はなくなってしまう!と思い詰める必要はないんだよ。だから、自分がどうしたいのか、ちゃんと考えた方が良い」

という事を伝えて下さった。

それを聞きながら、心が軽くなっていくのを感じた。

研究科12年目の私が、「タカラジェンヌ」ではなく、1人の人間として何がしたいのか。ここにきて初めての自分自身への問いかけの先に出た答えは……

「自分にしか表現できない世界を創りたい」

だった。

心の中で最後の鐘が鳴り、卒業の意思が固まった矢先、次回公演が発表された。

それは、萩尾望都先生原作『ポーの一族』を、「巨匠」こと小池修一郎先生が33年越しにタカラヅカで初舞台化するというお話だった。

私が巨匠を、そして、「宝塚歌劇団」の存在を知ることになった原点of原点の作品。

こんなにも自分の人生をかたどってきた漫画を舞台作品として上演する機会に恵まれるなんて、幸せの極み以外の何物でもない。

（この作品で宝塚歌劇団を卒業しようか……）

そう考えた私は、次の瞬間踏みとどまった。巨匠とのこれまでの歩みを思い返したのだ。

巨匠からは「序／破」と、人生のターニングポイントとなるタイミングで沢山の事を学ばせていただいてきた。きっとこれが現役生徒として対峙する最後の機会になる。でも、それを「もうこの公演で卒業するから……」と、オブラートに包まれたようなマインドで向き合いたくなかった。

そう思った私は、次回作ではなく、次々回作で卒業することを胸に決めた。

そして、巨匠との最終決戦に向け、これまでの経験を総動員し、鍛錬を始めたのであった。

第32場「巨匠」との出会い：Q

33年越しの野望

巨匠との最後の対峙に向け、もう何度読んだかわからない『ポーの一族』全巻を再び読み、今まで演じてきた事で身についた技術を今一度復習し、万全の態勢で集合日を迎えた。

教室にて、ただならぬ気合で巨匠が来るのを待つ。緊張しつつ、それでも今日までの準備期間を思い出し、「ドンと来い！」という精神で出迎えた。

時間になり、教室に巨匠が入ってきた。

……そこには、いつもとは違う、ただただただただただただただならぬオーラを纏った歴戦の勇者のような巨匠の姿があった。

自身の作品を最高の物にしたい！という並々ならぬ気合いは毎回感じていたが、やはり、33年越しの野望を実現しようとする方の気合いの凄さは、とてもとても比べられたものではなかった。そんな先生の姿を見て、自分の覚悟の浅さに不安がよぎった。

だが、先生の夢が叶う瞬間に立ち会う事ができるのは、とても光栄なことだ。

それに、この13年間、ありとあらゆるおじさんを演じてきた。

部族の長、執事、執事長、医者、怪しすぎる医者×2、女形、八百屋、右大臣、悪いおじさん、良いおじさん、変なおじさん、車引きetc……

おじさんに関しては割と網羅したはずなので、次にどんな役が来ようとも、しっかりと深めていこうと、改めて強く決意した。

私が演じることになったのは、「ビル」という「自分の妻が死んだのはバンパネラのせいに違いない!!と、ポーツネルの一族を怪しんでいる墓守の男」の役と、「ハロルド」という「アランの叔父で、トワイライト家の財産を根こそぎ自分のものにしたいので、アランに自分の娘をゴリ押しし、母親にも手を出すという最低な男」の2役だった。

ビルは、作品の冒頭で「いかにしてエドガーがバンパネラになってしまったのか」、そしてハロルドは、作品の終盤で「いかにしてアランがバンパネラになってしまったのか」ということに深く関わってくる。

前者は復讐するという強い意思、後者は人間が人間であることを辞めたくなるくらいに追い詰めていく心の醜さ、そういう「生きている人間」の意思をいかに深く表現できるかがカギだった。

特にハロルドは、私にとって本当に初めて演じるジャンルのおじさんだった。

今までも何度か悪役を演じてきたことはあったが、悪を重ねていくうえでなんだか愛おしさが生まれたり、憎めないところがあるおじさんが多かったが、ハロルドは、心の底から憎い「愛せない悪役」だった。

彼は一見聖人のような面構えで、その実、腹の底では「自分がすべてを掌握するのだ」という支配欲に塗れた人間。もしかすると身近にも存在してしまいそうな、リアルな極悪さを求められる。

元々自分の存在感はコメディタッチ（というか胡散臭いというか）と自負していたので、シリアスに演じるにはどうしたら良いか……と考えた時、ふと、『エリザベート』で演じた革命家・ツェップスの事を思い出した。ツェップスは、巨匠に叱咤激励を受けながらなんとか演じることが出来た大切な役。

彼を演じるにあたり、「天真みちるが演じる」という役者優先の演じ方ではなく、物語に溶け込む、役優先の芝居（ハンター×ハンターで言うところの自我の「絶」）をすることを深く掘り下げることができたので、私はツェップスをベースにハロルドを創っていくことにした。

巨匠は私の芝居を見て、

「もっとセリフに色を塗りなさい」

と仰った。それは、「もっとセリフに抑揚を付けなさい」という意図だったと今ならわかる。でも私は、ただ言われたとおりにノートに書いたセリフに、試験前の教科書のアンダーラインのように色を塗った。

日を重ねてもちっとも抑揚のつかない、なんの色味もなく発せられるセリフにもどかしさを感じた巨匠は、とうとう
「あなたは本っっっっ当に頓珍漢ですね！！！！」

と、語気強めに言い放った。

自分の理解力の無さにショックを受けたが、むしろ、巨匠の頓珍漢という言い方に優しさを感じた。このままで良いはずがない。私は再び1から役の解釈と場面の作り方を考えていった。

改めてハロルドのセリフの色について考えてみると、彼の、相手を不快にさせる、優し気な物言いの奥にある、人を見下したような声のトーンは、余り自分が発したことがないということに気がついた。

自分の頭や心の中からは聞こえてこないので、自分が普段会話していて、語気が強めな人に「いつもどんな風に話そうと思っていますか？」と、インタビューしてみることにした。だが、聞いた相手は全員口を揃えて、

「別に何も考えていない」

と言う。この結果をもとに、私は「別に何も考えていない」というマインドで次の稽古に臨んだ。

その結果、私の話し方がどういう風に聞こえるかを周りに聞いてみた。

すると、聞いた相手は全員口を揃えて「とても優しい人の話し方に聞こえる」と言う。

……そんなはずはない……。

私は今一度自分のセリフを発する声を録音して聞いてみることにした。みんなの言うとおり、ただの優しい人の話し方でしかなかった。なんなら、人を傷つけるような内容のセリフでさえ、その言葉にそぐわない優しい物言いに聞こえる。

なんでこんなことになるんだ……と、自問自答を繰り返した結果、やっと1つの答えに辿り着いた。

私は、人を不快にさせる言い方を、知らず知らずのうちに自分の中に封印してしまっていたのだ。

別に、完璧な聖人を目指しているというわけではないので、愚痴も悪口も言う時は言う。でも、その際の「嫌味なトーン」が苦手なので、まるで落語を聞いているような、聞いた相手が笑えるようなトーンで会話したいと常々思っており、それを心掛けている。

誰かに不快なトーンで話しかけられ、それを誰かに愚痴る時は必ず、誇張して笑えるように変換して話していた。

そんな私が「別に何も考えていない」状態で話す言葉は、ただの「優しいトーン」の声でしかない。「嫌味なトーン」にするならば……

本気で相手を傷つけてやろう、という意思を持って、相手にぶつけるしか方法がない。

この日から、ハロルドを演じる上でのマインドがしっかりと定まった。


ハロルドは、財産が欲しい一心で、「身内として心配しているんだよ」といい人を装ってアランを追い詰めていく。

目の前にいる、アランを演じる柚香光ちゃんに、「傷つきやがれ!!」と攻撃性を持ってぶつかっていく。それを受けて、光ちゃんも、信じられないくらい鋭い憎しみの眼差しを向けてくるようになった。

巨匠もそれを見て、

「だいぶ良くなってきましたよ」

と、ハロルド像に近づいていることを伝えて下さった。

一緒に表現してくれる上級生、ついてきてくれる下級生、いろんな方達のおかげで、やっと自分の使命がはっきりと掴めるようになった。

そして迎えた本番。

目の前に現れたトップスターの明日海さんは、萩尾先生の描かれたエドガーそのものであった。

元々お美しい明日海さんが、化粧、衣裳、舞台美術、舞台を構成するすべての技術を駆使し、更に更に美しさを強調している。明日海さんが研究に研究を重ね、一つ一つを丁寧に作り上げて出来上がったエドガーは、存在しているのに存在していない、この世のものではない美しさだった。

そして、明日海さんが表現するエドガーの、冷たいまなざしとその奥に秘めた渇望。移動するたびに残り香のように漂う切ない孤独感、近づきたいけど、近づいてはいけないミステリアスな魅力……ビジュアル、技術、芝居心、何もかもが、誰も到達出来ない領域に達している。

普通、ここまで美しく生を受けたら、それだけで周りがチヤホヤしてくれるはずで、どこか自分に甘くなるところがあっても良いくらいなのに……明日海さんの辞書には、「妥協」という文字がないのだと思った。

巨匠が待ち続けた33年間はとても意味があったのだと、改めて、この瞬間に立ち会えることを誇りに思った（ちなみに、私もプロローグの場面のみバンパネラを演じていたのだが、明日海さんの完璧なバンパネラに対して、自分の「ごっくごく血液飲んでます！　へへっ♪」的な、元気吸血鬼っぷりに悲しくなった。きっとこいつがビルの女房の血も飲み切ったんだろうな、最悪だな、と思っていた）。

誇りに思うだけではなく、自分もこの物語にしっかりと息づきたい。そう思い、日々舞台に取り組んだ。

千秋楽を目前に控えた頃……

あれだけ苦労していたハロルドの「嫌味なトーン」を、ある時「無意識に」発していることに気がついた。

それは、役者としてはとても嬉しい事だった。

だが、同時に人間としてはとても悲しい事だと感じた。

演じながら、人間としての自分が、ハロルドという人間を心から嫌いだと思い始めている。このまま、役の人生を生きていくにあたって、自分もハロルドのような人間になったらどうしよう。イヤだ！　ハロルドになんかなりたくない！（乙事主様あ!!）と心が叫んでいる。

ただ、唯一ありがたかったのが、ラストシーンでハロルドが階段から落ちて、アランに死んだと思われること（これが引き金で、アランはポーの一族になる）。

最後の最後の日である、東京宝塚劇場千秋楽。

やっとこの人物の意思を自分の中から完全に葬ることができる！と少し開放的な気持ちで階段落ちしたところ、その気持ちが勢いづけたのか、段取りよりも多く階段を落ちてしまった。それを見て本気で心配した下級生に袖まで運ばれるなか、私は謎の達成感を得ていた。

いまだかつて、ここまで自分の臓器に喰いこんできた役はない。

自らの手でハロルドを葬った私は、その勢いでプロデューサーに次回大劇場公演で卒業する旨を伝えに行ったのであった。

最後の鐘〜アナザーストーリー〜

様々な感情が渦巻いた『ポーの一族』を終え、卒業することが正式に決定した後、迎えたのは博多座公演『あかねさす紫の花／Santé !!』だった。

人生初の博多座での公演。今まで以上に大切に日々を過ごし、心の中で様々な方に別れを告げる準備を整えていく。

千秋楽前日の終演後……私は意を決して、トップスターである明日海さんの楽屋の扉をノックした。

部屋に入り、明日海さんと対面する。

明日海さんの目を見つめながら、初めてお会いした時のことを思い出していた。

２０１３年の『戦国ＢＡＳＡＲＡ』で10年以上在籍された月組さんから組替えされ、おひとりでどれほどの努力をされてきたか……。

２０１４年の大劇場トップお披露目公演『エリザベート』のパレードの最後、センターに降りてきた明日海さんは、「これからの花組を背負っていく」という、固い意思と緊張感が表情に現れていた。そのまま真っすぐ前を見て階段を降りる姿に、自分も身の引き締まる思いだった。

常に高い目標を掲げ、己に厳しく進んでいかれる。それに対し自分は何か力になれるだろうか、なれたのだろうか……そんなことを思う毎日だった。

それから月日は経ち、公私共に少しずつ関わる機会が増え、様々な公演を乗り越えて……２０１７年の大劇場公演『Santé!!』のパレードの最後、センターに降りてきた明日海さんは、とても柔らかな表情をしていた。そして私達組子ひとりひとりの目を見ながら、笑顔で語りかけてきて下さるように階段を降りていった。

明日海さんと目が合った瞬間、想いが通じ合ったのかな、と、嬉しさに涙が止まらなかった。

花組は一心同体だと、何が起きても大丈夫だなあと、心から思えることができた。私は笑顔で歌って踊るはずのパレードで大泣きしながら銀橋で歌った。

楽屋ではその日の思い出と、自分が何かの力になれたかはわからないし、ご迷惑も沢山おかけしたが、ただただご一緒できたことの感謝の気持ちをお伝えさせていただいた。明日海さんはその思いをきちんと受け止めて下さり、お話ししている間、感極まって2人で泣いてしまった。

挨拶を終え、誰もいない楽屋に戻った……と思ったら、まだちなつが残っていた。

泣き腫らした目の私を見て、これまで一度も見たことがないくらいに、ちなつの目が大きく見開いた。

次の日――

千秋楽の『Santé!!』で、明日海さんと顔を寄せて歌う場面があるのだが、そこでなんと、明日海さんがアドリブで私にキスの振りをして下さった。

その時、まるで教会の鐘のような音が脳内に鳴り響いた（おいおい）。

明日海さんによる、おしゃれなおしゃれな餞《はなむけ》だったのだろう。ここは、花男として粋に返……せるわけがなかった。

もう、本当に本当の本名の乙女の自分が、ガチガチのガチでトキめいてしまった。

私は心からときめくと叫びたくなるので口を押さえるのだが、まんまそのポーズで完全に「みちるちゃん」としてときめいていた。

男役13年目にして、なんっっっっって情けない……

だが……我が人生、一片の悔いなし!!

私は清々しい心で千秋楽を終えたのであった。

最後の公演のはじまり

いよいよ迎えたラスト公演『MESSIAH／BEAUTIFUL GARDEN』の集合日。

実は人生でこの日が一番緊張した。集合日後に初めて自分が卒業することが公式発表されるからである。

理事長先生からの挨拶、次に芝居とショーの演出家の先生の挨拶が終わり、いよいよ退団者の発表へ。下級生から順番に紹介され、一言ずつ挨拶をしていく。緊張はピークを迎え、自分の名前が呼ばれることをドキドキしながら待った。

そして、最後の最後に自分の名前が呼ばれた。

その時初めて、「ああ、私は本当にここを卒業するんだなあ」という覚悟がストンと胸に落ちてきた。

それからは落ち着いた気分で、皆さんに挨拶した。

天「私は劇団に骨を埋めると自他共に思っていたのですが、一身上の都合で骨を埋めない事になってしまい、ご期待に添えず申し訳ありません」

この挨拶なら笑ってもらえるかなあと思い、周りを見渡した。

だが、私が卒業するということが組子の方には余りにも寝耳に水すぎたのか、笑っていたのは理事長だけだった。軽く「スベった……」と傷つく心をなんとか立て直し、気分を入れ替え香盤表を見に行った。

これまで、数多のおじさんを演じてきた。最後に演じる役はなんて名前なのだろう。和物だから、それはそれは仰々しい殿殿しい名前だったら良いなあと、期待に胸を膨らませて自分の名前を探した。

そんな私の目に飛び込んできたのは……

「田中」

という、全国4位のシェア率を誇る「ＴＨＥ」な苗字だった。

一体、どのような役なのか……どんな卒業公演になるのか……。

思っていたよりもシュールな幕開けで、最終公演の日々が始まったのであった。

第33場　天真みちる「ザ・ラストデイ」

これは、天真みちるの２０１８年10月14日の1日の記録である。

～プロローグ～

6時00分

起床。ここ5、6年で一番の早起き。一桁の時間帯に起きるのが何よりも苦手な私だが、この日だけはスッと起きられた。多分、いつも遅刻してくるのに、修学旅行の日だけちゃっかり間に合うやつだと思う。

起きて何よりも先にしたこと、それは「お天気の確認」。

生まれてこの方大事な場面では必ず雨を降らす、「ハイパー雨男役」な私は、ラスト公演期間中、最後の最後に大雨が降るという悪夢を毎日見ていたので、起床と同時にベッドから飛び降りカーテンを全開にした。

結果は……国会議事堂の方向は僅かに晴れているのに、東京宝塚劇場の真上は小雨が降っているという、「そこまでして天気：雨にしたいか!?」な悪天候だった。

（日頃の……日頃の行いですか？　全部私の行いが悪うござんすか？）

と、気が滅入りそうだったが、国会議事堂方面から太陽を引っ張って劇場の上に放つジェスチャーを何度も繰り返し、なんとかメンタルを安定させることに成功した。

7時30分
入り待ち（楽屋入りをファンの方が待っていて下さり、楽屋に入る前に少しお話しして、楽屋までお見送りする事）へ向かう。
最後の最後に着ていく普段着は、「真っ白な燕尾服」にしよう、と公演中に思いつき、手配した……のだが、注文する際、サイズ選びを思いっきり間違え、かなりブカブカな状態で退団日の2日前に手元に届いた。
自分の愚かさに絶望しながら、休憩時間に衣裳部に行き自分でお直ししていると、周りにいたお衣裳部さんが、「ええ！　明後日だよね？　退団すんの！」と聞いてこられ、泣きそうになりながら「……ハイ」と答えると、「ここはこうした方が良いよ！」などのアドバイスを下さり、最終的に、「ああもう！　貸して！」と、本番衣裳さながらに完璧にお直しして下さった……。

ラストデイの入り待ちは、普段よりも長い時間をかけてファンの方とお話しさせていただいた。おひとりおひとりからお手紙を受け取り、最後の舞台にかける思いを伝え、ファンの方も、どのように見届けて下さるか、意気込みを教えていただいた。
笑顔の絶えないかけがえのないひと時だった。

8時00分
楽屋入り。カジュアル白燕尾（どないやねん）に身を包み、左手に傘、そして、右手にタンバリンを持って入った。
中に入ると、花組生徒の皆さん、そして同期生ＯＧや、別の組の生徒さんが、ご自前のタンバリンを手に大勢で出迎えて下さった。
こんなに賑やかなお出迎えは人生初で、幸せだなあ。早起きして良かったなあと心底思った。

～ラストステージ～

9時30分
化粧開始。「ラストデイは開演前に色々とすることがあるから、早めに化粧し始めた方が良いよ」という先人達のアドバイスも虚しく、いつもの癖であいさつ廻りギリギリの時間から化粧を始める（因みにいつもだと楽屋入りは開演1時間前、化粧は開演30分前から始めていた）。

ラスト公演の芝居『ＭＥＳＳＩＡＨ』は日本物で、日本物に於いての私の化粧は、「とにかく元の顔を薄く薄くしていく」作業なのであまりすることがなかったのと、髪型に関しても、私の演じる田中は床山鬘でセットする必要もなかったので、20分程で完成した。

お手伝いに来ていた同期ＯＧの煌月爽矢と天咲《あまさき》千華《ちはな》が化粧の模様を撮影しようとカメラを手にした時にはほぼ完成していたので、「もう終わったの？」とビビっていた。

10時00分

あいさつ廻り。公演を支えて下さっているすべてのスタッフの皆さん、生徒の皆さんにこれまでの日々の感謝と、「ラスト1日も何卒宜しくお願い致します」とご挨拶に廻る。

10か所以上のお部屋に挨拶に行く間も同期がカメラを手に追いかけてきてくれる。

気分は情熱大陸そのものである。

11時00分

芝居開始。日本物は洋物よりも着替えに時間がかかるので、早めに衣裳部へ行く。

普段から自分でも衣裳の手入れをしているのだが、ラストデイは更にお衣裳部さんが、「最後の日は、より多くのお客さんがたそを見るから」と、徹底的に衣裳を綺麗にして下さっていた。

腰位置で帯を締め、自身も身の引き締まる思いで衣裳部を後にし、その後床山に鬘を被りに行く。すると自分の鬘を止めているピンに白いリボンを装飾して下さっていた。

束の間のラブリーさに心が和んだ。

12時30分

小休憩に入り化粧替え。

私の出番は一幕の終演よりもかなり早い段階で終わるので、出番終わりと同時に化粧替えに入る事が出来た。

天草の民が島原の乱を起こし、命がけで戦っている間、松倉陣営は悠々と、歓談を交えながら化粧替えしていた（島原の民をめっちゃ煽っていくスタイル）。

13時00分

ショー開始。中詰めで客席降りがあり、ハイタッチできるのも最後なんだよなあと思い、こうなったらできる限りハイタッチしていこうと最高記録にチャレンジした（自分比）ところ、もう、絶対に舞台に帰ることが出来ない……と思うほど、決められたタイミングギリギリまで客席に滞在してしまった。

だが、「あきらめたら　そこで試合終了ですよ…？」と安西先生の声が聞こえてきたので、「命を……燃やせ！」と、日常（というアニメ）のちゃんみおのように全速力で銀橋に猛ダッシュした。

命を懸けた甲斐あってなんとか間に合った。

14時00分

大休憩に入り再び化粧替え。宝塚大劇場と違い、休憩が1時間ちょっと取れるので、今のうちに片付けられるものは片付けておく。

この間に、大千秋楽（ソワレ公演）のショーにて、最後にやろうと思っているアドリブについて組長さんと入念に打合せさせていただいた。

その後、急遽同期のイマッチ（真瀬はるか）が大千秋楽を見に来れることになったと連絡が来る。

楽屋にも来てもらい、本気サプライズゲストにテンションいとあがりけりバイブスぶち上げで笑っていたらいつの間にか休憩が終わっていた。

15時30分
芝居2回目。最後に演じた田中宗甫は、ちなつが演じる松倉勝家という大名の手下で「時代劇に必ず出てくる超イヤな感じにニヤついている腰巾着」という役どころだった。

時代劇は、私にタカラヅカに入る事を進めてくれていたおばあちゃんが、時代劇専門チャンネルを毎日24時間かけ流し状態にしてくれていたおかげでとても馴染み深かったので、成田三樹夫さんや内田勝正さんをイメージし、それになりきれないスネ夫感を出そうと、すんなりと役を創っていくことが出来た。

前回のハロルド役の経験を活かし、爽快に悪事を働くことが出来た。

一番楽しかったのは、踏み絵を踏ませるシーン。『金色の砂漠』のゴラーズさんの様に優しい眼差しで「踏め」と促し、地獄に突き落としてやった（前回とは比べものにならないくらいマインドが変わった）。

化粧に関しても、汝鳥伶さんに教えて頂いた悪い奴の顔色、悠真倫さんに教えて頂いた悪い奴の眉間のカゲと顎の割り方、夏美ようさんに教えて頂いた悪い奴の口紅と顎の無精ひげ、床山さんが物凄い技術で作り上げたゴッリゴリの揉み上げが付いた鬘（本来ついている揉み上げに更に更に付け足して頂いた）という、今まで教えて頂いた技術を総結集して挑んだ。大好きな殺陣を何度も明日海さんと組ませて頂けたことも忘れられない。

17時00分
小休憩化粧替え。ここで、日本物の化粧に関する物や和装の装束などが必要なくなるので、煌月爽矢と天咲千華が「これまだ使う？」と聞きながらテキパキと片付けてくれる。余りの手際の良さに感動しつつ、ショーのアドリブ最終確認などもする。

17時30分
ショー2回目。大千秋楽では、退団する生徒は任意の場面でお衣裳にコサージュを付けて良いことになっているので、一緒に退団する新菜《にいな》かほちゃん、桜舞《おうま》しおんちゃんと相談して中詰めとパレードで付けることにした。
同期の蘭乃《らんの》はなが作ってくれたコサージュを、中詰めには帽子に、パレードでは左胸にお衣裳部さんに付けて頂いた。パレードの衣裳はプロローグと同じなので、プロローグ後、パレードで降りてくる前までに付けるという、ハイパー短時間、でも物凄く丁寧なお仕事に心から感謝した。

私がやりたかったアドリブ、それは「ＲＡＩＮＹ ＤＡＹ ＧＡＲＤＥＮ」という、雨の街で踊る場面でのこと。

演出の野口幸作《のぐちこうさく》先生が、最後に「たそと言えば」という見どころを作って下さった。しっかりとタンバリンの音を鳴り響かせる為、タンバリンの音を拾う為だけのマイクを腕に装着するという徹底ぶりだった。

宝塚大劇場での千秋楽の日に、普段は片手のみ持っているタンバリンを、両手に持つというアドリブを入れたところ、野口先生が、「東京宝塚劇場では両手にしましょう」と仰った。東京宝塚劇場の大千秋楽でも同じアドリブで良いか……と胡坐をかいていた私は焦った。

焦った挙句……「じゃあ、東京では持てるだけ持つか」という、一番最初に思いつきそうな案を採用した。両手、首、足首、そしてにいにゃん（新菜かほ）にも渡し、最後に頭に花を咲かせるという、文字だけでは中々伝わらなさそうなカオスなアドリブになった。

やり切ったな！という思いでいっぱいになった。

終始、舞台上でも、袖中でも、視線が合うと皆がほほ笑みかけてくれる。

客席のお客様も暖かい拍手を送って下さる。

本当の最後の鐘の音は、拍手の音なんだと気がついた。

18時30分

終演。ここから、退団者は最後のご挨拶をする為の準備に入る。

組長の高翔《たかしょう》みず希《き》さん（愛称：さおたさん）がメッセージを読んでいる間、お衣裳部さんが、パレードの衣裳から、正装である紋付き袴に手際よく着つけていって下さる。

この間も、同期や上級生、下級生がずっとそばで見守ってくれていた。

19時15分

退団セレモニー開始。退団者は私を入れて3人で、私が最上級生だったので、カウントダウン方式で最後に挨拶することになる。

大階段を降りて挨拶するので、舞台裏の階段を上がり、待機した。

……ここで、信じられないことが起きた。

この瞬間、この日初めて独りぼっちになったので、少し素に返ったのだと思う。

早朝に起きて活動した事が引き金になり、舞台裏の薄暗い環境も相まって、信じられないほどの眠気が私を襲ったのである！！！！

ここで一度目を閉じたら最後、石頭事件の再来になり、最後の最後に挨拶することが出来なくなってしまう……

そんな人、１０４年の歴史の中で見たことない！

私は、「さおたさん、早く……早く私の名前を呼んで……」と、必死に願った。


何とか睡魔にも勝ち、無事組長さんからの呼びかけにも答え、階段を降りて行った。

タンバリンをあしらった、真っ白な芍薬のシルクフラワーの世界に1つだけの花束を、明日海さんと、同期のちなつとゆめから受け取り、（大劇場では、本物のタンバリンに生花のひまわりでデコレーションした世界に1つだけの花束だった）満ち足りた気持ちで最後の挨拶をした。


天「皆様のおかげで、ここまで来ることができました。

私に関わるすべての皆様の笑顔が、笑い声が、私の幸せに繋がっていると、こんなに実感したのは初めてでした。

皆様に作って頂いた天真みちるという新ジャンルはたった今完成しました。

これからは、あの陽気なシャンシャンという音が聞こえてきたら、皆様の頭に少しだけ私の顔がよぎったら幸いです。

最後の最後に、今しかできないので
自己紹介をさせて下さい(^^)
『見たくなくても、あなたの瞳にダイビング！　花組の視線ドロボウ天真みちる』でございました！
本当にありがとうございました」

最後の最後に一生のお願いで（多分私は一生のお願いを１００回はしている）舞台、舞台袖、客席、ライブビューイングの皆さんから「たそ」と呼んでいただいたことは、一生の宝物である。

～エピローグ～

20時25分
セレモニー終演。袴から一度着替え、急いで化粧を落とし、再度紋付きを着付けて頂く。

同期の花織千桜が刺繍してくれたハンカチを持ち、桜咲彩花《おうさきあやか》ちゃんがデコレーションしてくれた楽屋の着登板（楽屋に入っているか否かを知らせる札）を袴と帯の間に挟み、公演を支えて下さっているすべてのスタッフの皆さん、生徒の皆さんに「今日1日本当にお世話になりありがとうございました」と挨拶をして廻り、生徒監の先生に先導されながら最後の楽屋出待ちに向かった。

21時00分
フェアウェルパーティー開始。ファンの方や、家族など、より深く自身を応援してきて下さった方々に最後のご挨拶。司会は、『虞美人』の時に素晴らしい機転で救って下さった、心から尊敬する鳳真由さんにお願いした。

公演を終えた生徒のみんな、同期のＯＧが駆けつけてくれた。

皆で音楽学校時代の話に花が咲く。いつの間にか15年の月日が経っていたことに驚く。

最後に恒例の初舞台公演の主題歌『ＮＥＶＥＲ　ＳＡＹ　ＧＯＯＤＢＹＥ』を皆で歌った。

23時00分
フェアウェルパーティー終宴。

控室で同期や、駆けつけてくれた皆と共に他愛もない話をしながら、24時のカウントダウンをした。

24時00分

卒業。10月15日0時0分0秒の瞬間はジャンプして迎えた。

「ようこそＯＧの世界へ！」と皆に祝ってもらいながら、18時間に及ぶ「最後の1日」を完走した。

不思議と、ここまで一度も涙が流れなかった。

終始ずーっと笑っていた思い出しかない。

でも、それは、私が笑顔で1日を過ごせるように、周りのすべての方が温かい心で接してくれたから。改めて、1人では歩んで来れなかった道だと思い、感謝の気持ちでいっぱいになった。

こんなに予想もできないような幸せな瞬間は、後にも先にも体験できないだろう。

入団できるとは露ほども思わなかった劇団で、皆が私を「たそ」として認識して下さった。

きっと、今日1日最高のパフォーマンスを届ける為に、これまでの鍛錬はあったんだ。

タカラジェンヌとして見た景色、いただいた愛、感じた思い。
そのすべてを、これからも大切に生きていこうと誓ったのであった。

さよなら皆様

ここまでお読み下さり、本当にありがとうございました。

疲れませんでしたか？　大丈夫ですか？　どうぞ、一息ついて下さい。ここからは斜め読みで構いませんので……。

突然ですが、皆さんは「忘れたくて忘れたくて仕方のない記憶」はありますか？

私は、人生のほぼほぼの記憶が「それ」です。

受験に失敗するわ、頓珍漢過ぎて演出家の先生に怒られるわ、舞台上でセリフを忘れるわ、一度寝たら起きないわ……（最後はいまだにそうだから困る）。

当時、その瞬間はいつも、「なかったことにしたい……忘れてしまいたい……」と思っておりました。

でも、そういう出来事って、絶対に忘れられないんです。何度も何度も反芻してしまうし、夢にまで出てくるし……ふとした瞬間にフラッシュバックしたりした時にゃ、穴に入りたい！と血眼になって穴を探しておりました。

ですが、そんな「やらかした」記憶をありのままに書き連ねていき、その後連載として客観的に見てみると、やらかした後にどれだけの方に支えられてきたのかということに気づきました。辛かった記憶は、愛おしい思い出に変えていけるのだということを知りました。執筆することが出来て、本当に良かったと、心から思っています。

最後に、撮影の四方花林さん。同じ元タカラジェンヌとして花林ちゃんのセンスと技術を心から尊敬しています。デザインの芥陽子さん。私が初めて宝塚の存在を知った『ポーの一族』シリーズの装丁を手掛けていらっしゃり、運命を感じております。〆切ギリッギリになっても書けなかった時、オフィスで書くことを許可して下さった左右社さん。オフィスに住んでいるカメに目を奪われながら執筆するというなんとも楽しい仕事空間の提供にワクワクしていました。

そして、この本を読んで下さった皆様。

心からの感謝の気持ちを込めまして、本当にありがとうございました。

『こう見えて元タカラジェンヌです』の公演はすべて終了致しました。

またのお越しを心よりお待ち申し上げます。

天真みちる

タカラジェンヌ・天真みちるのあゆみ

★…新人公演

年	期間	劇場	公演・役
2006	3・24～5・8	宝塚大劇場	「Never Say Goodbye」（初舞台・宙組）口上、ロケット
			花組に配属される
	6・23～8・7	宝塚大劇場	「ファントム」 団員男／★客の男（本役…天宮菜生さん）
	8・25～10・1	東京宝塚劇場	
2007	2・9～3・19	宝塚大劇場	「明智小五郎の事件簿―黒蜥蜴《トカゲ》／TUXEDO JAZZ」 警官、楽園の女／★ボーイ（本役…紫陽レネさん）
	4・6～5・13	東京宝塚劇場	
	9・21～10・29	宝塚大劇場	「アデュー・マルセイユ／ラブ・シンフォニー」 国際警察の男、観光客、マフィアの男／★観光客の男（本役…夏美ようさん）
	11・16～12・24	東京宝塚劇場	
2008	2・7～2・17	宝塚バウホール	「蒼いくちづけ」 ルイス、レンフィールド
	5・9～6・16	宝塚大劇場	「愛と死のアラビア／Red Hot Sea」 トルコ兵、遊牧民、ヌビア兵士／★メドヘッド（本役…嶺乃一真さん）
	7・11～8・17	東京宝塚劇場	
2009	1・1～2・2	宝塚大劇場	「太王四神記」 パソンの兄、町民、青年、高句麗軍、ソノ部族、百済兵／★スンノ部族長（本役…紫陽レネさん）
	2・13～3・22	東京宝塚劇場	
	5・2～5・31	全国ツアー	「哀しみのコルドバ／Red Hot Sea II」 ロベルト、ロペ

年	日程	劇場	作品・役
	7・9〜7・20	宝塚バウホール	「フィフティ・フィフティ」村の男
	9・4〜10・5 10・23〜11・22	宝塚大劇場 東京宝塚劇場	「外伝 ベルサイユのばら―アンドレ編―／EXCITER!!」村人／★ドランド（本役…扇めぐむさん）
2010	1・7〜1・18	宝塚バウホール	「BUND／NEON上海―深緋《こきあけ》の嘆きの河《コキュートス》―」郁咏馥
	3・12〜4・12 4・30〜5・30	宝塚大劇場 東京宝塚劇場	「虞美人」秦兵、農民、臣下6、楚兵、漢兵、伝令（漢）／★宋義（本役…悠真倫さん）
	7・30〜8・30 9・17〜10・17	宝塚大劇場 東京宝塚劇場	「麗しのサブリナ／EXCITER!!」アンソニー／★フェアチャイルド（本役…夏美ようさん）
	11・18〜11・28 12・3〜12・9	宝塚バウホール 日本青年館大ホール	「CODE HERO／コード・ヒーロー」ケネス
2011	2・4〜3・7 3・25〜4・24	宝塚大劇場 東京宝塚劇場	「愛のプレリュード／Le Paradis!!」警官、パーティの客／★ドルフィー・アンダーソン（本役…紫峰七海さん）
	6・24〜7・25 8・12〜9・11	宝塚大劇場 東京宝塚劇場	「ファントム」ジョセフ・ブケー／★ジャン・クロード（本役…夏美ようさん）
	10・18〜10・30 11・4〜11・10	梅田芸術劇場シアター・ドラマシティ 日本青年館大ホール	「カナリア」小悪魔

2012	1・1〜1・30 2・10〜3・18	宝塚大劇場 東京宝塚劇場	「復活―恋が終わり、愛が残った―／カノン」 男囚1、村の青年、面会男／★ワーニコフ刑務所長（本役…悠真倫さん）
	5・3〜5・14 5・23〜5・28	宝塚バウホール 日本青年館大ホール	「近松・恋の道行」 芳沢あやめ、定吉
	7・27〜8・27 9・14〜10・14	宝塚大劇場 東京宝塚劇場	「サン＝テグジュペリ／CONGA!!」 サレス／★レオン（本役…汝鳥伶さん）
	11・14〜11・15 11・25〜11・26	ホテル阪急インターナショナル 第一ホテル東京	「壮一帆ディナーショー So in Love」
2013	2・8〜3・11 3・29〜5・5	宝塚大劇場 東京宝塚劇場	「オーシャンズ11」 ブルーザー／★ソール・ブルーム（本役…悠真倫さん）
	6・7〜6・17	宝塚バウホール	「フォーエバー・ガーシュイン」 アイラ・ガーシュイン
	8・16〜9・23 10・11〜11・17	宝塚大劇場 東京宝塚劇場	「愛と革命の詩―アンドレア・シェニエ―／Mr.Swing!」 ジャン
2014	2・7〜3・17 4・10〜5・11	宝塚大劇場 東京宝塚劇場	「ラスト・タイクーン―ハリウッドの帝王、不滅の愛―／TAKARAZUKA∞夢眩」 ロデリゲス、ウィリアム・ベーア
	4・5	宝塚大劇場	「宝塚歌劇100周年記念式典『虹の橋　渡りつづけて』」
	6・21〜7・1	宝塚バウホール	「ノクターン―遠い夏の日の記憶―」 ルージン

年	日程	劇場	演目・役
	8・22～9・22	宝塚大劇場	「エリザベート―愛と死の輪舞《ロンド》―」 ツェップス
	10・11～11・16	東京宝塚劇場	
	10・7	大阪城ホール	「宝塚歌劇100周年記念 大運動会」
2015	1・4～1・12	梅田芸術劇場シアター・ドラマシティ	「風の次郎吉―大江戸夜飛翔―」 三助
	1・21～1・26	日本青年館大ホール	
	3・13～4・20	宝塚大劇場	「カリスタの海に抱かれて／宝塚幻想曲」 ミシェル・バルドー
	5・15～6・14	東京宝塚劇場	
	7・24～8・3	宝塚バウホール	「スターダム」 サイモン
	10・2～11・9	宝塚大劇場	「新源氏物語／Melodia―熱く美しき旋律―」 右大臣
	11・27～12・27	東京宝塚劇場	
2016	2・3～2・14	梅田芸術劇場メインホール	「Ernest in Love」 八百屋、ヨゼフ、召し使い
	2・20～3・9	中日劇場	
	4・29～6・6	宝塚大劇場	「ME AND MY GIRL」 チャールズ・ヘザーセット
	6・24～7・31	東京宝塚劇場	
	9・15～9・25	宝塚バウホール	「アイラブアインシュタイン」 ハンス
	11・11～12・13	宝塚大劇場	「雪華抄／金色の砂漠」 求婚者 ゴラーズ
2017	1・2～2・5	東京宝塚劇場	
	3・16～3・23	TBS赤坂ACTシアター	「MY HERO」 スマイル・スマイリー
	4・2～4・10	梅田芸術劇場シアター・ドラマシティ	

2018

6・2～7・10 宝塚大劇場
7・28～8・27 東京宝塚劇場
「邪馬台国の風／Santé!!」 ナシメ

10・7～10・15 梅田芸術劇場シアター・ドラマシティ
10・24～10・30 日本青年館ホール
「はいからさんが通る」 牛五郎

1・1～2・5 宝塚大劇場
2・16～3・25 東京宝塚劇場
「ポーの一族」 ビル、ハロルド

5・4～5・26 博多座
「あかねさす紫の花／Santé!!」 銀麻呂

7・13～8・20 宝塚大劇場
9・7～10・14 東京宝塚劇場
「MESSIAH―異聞・天草四郎―／BEAUTIFUL GARDEN―百花繚乱―」 田中宗甫

天真みちる（てんま・みちる）

2006年宝塚歌劇団に入団、花組配属。老老（若は皆無）男女幅広く男役を演じる。また、タンバリン芸でも注目を集める。

2018年10月に同劇団を退団。現在はフリーで活動しており、舞台、朗読劇、イベントなどの企画・脚本・演出を手掛ける傍ら、自身もMCや余興芸人として出演している。

オンラインサロン『天真みちるの歌（ん）劇団応援組』を開設。

「観劇」を愛する方との心通うサロンを運営中。

こう見えて元タカラジェンヌです

二〇二一年三月三一日　第一刷発行
二〇二一年六月二三日　第四刷発行

〈主な配役〉
著者　天真みちる
編集　筒井菜央
写真　四方花林
装丁　芥　陽子

発行者　小柳学
発行所　株式会社左右社
東京都渋谷区千駄ヶ谷三丁目五五－一二
ヴィラパルテノンB1
TEL　〇三－五七八六－六〇三〇
FAX　〇三－五七八六－六〇三二
http://www.sayusha.com

印刷所　創栄図書印刷株式会社

本書は、cakes連載「こう見えて元タカラジェンヌです」（二〇一九年一〇月～二〇二〇年一二月）の記事に、加筆修正を加えたものです。

　ISBN978-4-86528-013-5